LAURE VERCHÈRE

# LE GRAND HÔTEL

## & Café de la Paix

*L'art de vivre à la française*

French *Art de Vivre*

InterContinental Paris le Grand

Flammarion

GRAND HOTEL

# LE GRAND HÔTEL

## *& Paris*

---

*Le Grand Hôtel and Paris*

# UNE SAGA ROMANESQUE ET PARISIENNE

*A glamorous Parisian saga*

## PARIS, CAPITALE IMPÉRIALE

Le Grand Hôtel est à lui seul une saga romanesque et parisienne. C'est un enfant prodige ! Il a été en tout cas ardemment désiré dans le contexte de la transformation de Paris voulue par Napoléon III et menée tambour battant par Georges Eugène Haussmann. « Aérer, unifier et embellir », telle était la feuille de route transmise par l'Empereur au baron. Entre 1852 et 1870, Paris n'est ainsi qu'un vaste chantier à ciel ouvert. Percée de nouveaux axes nord-sud et est-ouest, réglementation des façades, aménagement de places-carrefours, création de parcs et d'espaces verts… tous les domaines de l'urbanisme sont frénétiquement passés au crible. Sans oublier la construction de monuments publics de prestige, notamment les deux théâtres symétriques de la place du Châtelet et l'opéra Garnier. Rien n'est trop beau pour permettre à la Ville Lumière de conserver sa splendeur.

## A GLAMOROUS PARISIAN SAGA

Le Grand Hôtel is the ultimate glamorous Parisian saga—a phenomenon! It was a prized project within the framework of the transformation of Paris, launched by Napoleon III and conducted with gusto by Georges Eugène Haussmann. The emperor laid out his guiding principles to the baron: "Aerate, unify, embellish." Between 1852 and 1870, Paris was a giant open-air construction site. Every aspect of urban planning was studied and transformed: new north-south and east-west boulevards were carved out, building façades were regulated, intersections and squares were designed, and parks and green spaces created. Not to mention the construction of prestigious public monuments, notably the two symmetrical theaters on the Place du Châtelet and the Opéra Garnier. Nothing was too good when it came to enhancing the splendor of the City of Light.

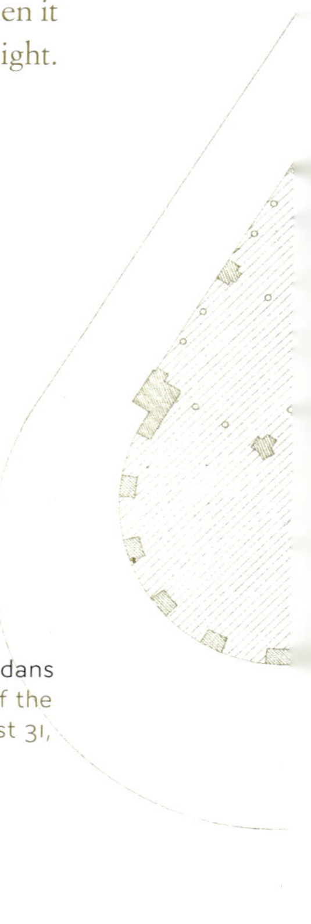

Vue depuis le toit de l'Opéra, avant le percement de l'avenue de l'Opéra (en haut). Gravure parue le 31 août 1861 dans *Le Monde illustré*, montrant le gigantisme du chantier du Grand Hôtel (en bas). Facing page, top: view from the roof of the Opéra before the creation of the Avenue de l'Opéra. Facing page, bottom: print published in *Le Monde Illustré* of August 31, 1861, showing the huge construction site of Le Grand Hôtel.

BOULEVART
CAPUCINES

Le projet de construction du Grand Hôtel s'inscrit dans ce même esprit d'émulation. Il est intimement lié à Émile et Isaac Pereire, hommes d'affaires et entrepreneurs d'exception qui participèrent activement à la modernisation de Paris et de la France sous le Second Empire et la IIIe République. Ce redoutable et audacieux duo fait feu de tout bois en investissant dans la banque, les chemins de fer, les transports maritimes, les assurances et, dans le cas présent, l'immobilier.

The project to build Le Grand Hôtel was part of this same spirit, driven by the ambitions of Émile and Isaac Pereire, exceptional entrepreneurs and businessmen who actively participated in the modernization of Paris and of France during the Second Empire and the Third Republic. This formidable pair capitalized on every opportunity, by investing in banks, railways, shipping industries, insurance, and in this case, real estate.

*Napoléon III et l'Impératrice visitent les travaux de l'Opéra*, tableau d'Edmond Gilis conservé au musée national du Château de Compiègne (en haut). Ils sont représentés en compagnie du baron Haussmann, de Charles Garnier et de Jacques Offenbach, entre autres. Les échafaudages (à droite) laissent déjà apparaître une façade du Grand Hôtel. *Napoleon III and Empress Eugénie Visiting the Construction Site of the Opéra*, a painting by Edmond Gilis held in the Musée National du Château de Compiègne. The imperial couple is depicted in the company of Baron Haussmann, Charles Garnier, and Jacques Offenbach, among others. A façade of Le Grand Hôtel is already visible behind the scaffolding on the right.

GARNIER

127

GRAND HOTEL
GRAND HOTEL
MAGGI

« Je suis le poinçonneur des Lilas
Pour Invalides changez à Opéra
Je vis au cœur de la planète
J'ai dans la tête
Un carnaval de confettis. »

Serge Gainsbourg (1928-1991)
*Le Poinçonneur des Lilas*

*"I'm the ticket puncher at Les Lilas
For Invalides, change at Opéra
I live at the heart of the planet
And in my head
There's a carnival of confetti."*

*Serge Gainsbourg (1928-1991),
"Le Poinçonneur des Lilas"*

Les travaux du métro parisien, né en prévision de l'Exposition universelle de 1900. La première ligne relie Maillot à Vincennes, elle est mise en service le 19 juillet 1900. La ligne n° 3, qui passe par Opéra, est inaugurée en 1904 (à gauche). Isaac et Émile Pereire, deux frères visionnaires et bâtisseurs, à l'origine du Grand Hôtel (ci-dessus). Facing page: construction work on the Paris metro, built in preparation for the Universal Exposition of 1900. The first line, from Maillot to Vincennes, began operating on July 19, 1900. Line no. 3, including a stop at Opéra, was inaugurated in 1904. Above: two visionary brothers—the builders Isaac and Émile Pereire—masterminded the construction of Le Grand Hôtel.

# Le Journal illustré

BUREAUX, RUE RICHELIEU, 112

DU 21 AU 28 JUIN 1868.

LE JOURNAL ILLUSTRÉ PARAIT CHAQUE SEMAINE.

10 centimes le numéro

LE BARON HAUSSMANN, PRÉFET DE LA SEINE.

J.C.

*Le Grand Hôtel de la Paix et le nouvel opéra, vue prise du boulevard, à l'angle de la rue de la Paix* (en haut) avant le percement de l'avenue de l'Opéra lors des grands travaux menés par le baron Haussmann (ici en couverture du *Journal illustré* daté du 21 au 28 juillet 1868). Léon Gambetta célèbre le progrès lors d'un banquet offert par la Corporation des voyageurs de commerce le 24 décembre 1878 au Grand Hôtel (ci-dessus, à droite). Reproduction d'un célèbre tableau d'Edgard Degas, *L'Orchestre de l'Opéra*, exposée non loin du lobby (à droite). Top: *Le Grand Hôtel de la Paix and the New Opéra, View from the Boulevard, on the Corner of Rue de la Paix* before the construction of the Avenue de l'Opéra during the major urbanization project conducted by Baron Haussmann (shown here on the cover of the *Journal Illustré* of July 21 to 28, 1868). Bottom, right: Léon Gambetta celebrating progress at a banquet given at Le Grand Hôtel by the Commercial Travelers' Guild on December 24, 1878. Facing page: reproduction of a famous painting by Edgar Degas, *The Orchestra at the Opera*, exposed not far from the hotel lobby.

Jeune groom devant le majestueux escalier dans les années 1930. L'art de vivre à la française en permanence connecté au monde entier dans le lobby (à droite)! Above: a young bellboy at the foot of the grand staircase in the 1930s. Facing page: the hotel lobby. The French *art de vivre*, always connected with the rest of the world!

PARIS
NEW YORK
LONDRES
TOKYO
SYDNEY

Centre de Conférences
Conference Centre
Club Lounge
Salon Auber

Bâtisseurs du quartier parisien de la plaine Monceau en 1861, puis de la Ville d'Hiver à Arcachon l'année suivante, les frères Pereire ont auparavant ordonnancé une partie du quartier de l'Opéra. Ils disposent ainsi d'un emplacement de choix pour édifier l'établissement hôtelier de leurs rêves : plus de 50 000 $m^2$ de surface exploitable, situés entre la rue Auber, la rue Scribe, le boulevard des Capucines et la place de l'Opéra… Une ville dans la ville !

Le Grand Hôtel et le Café de la Paix accolé sont construits par l'architecte Alfred Armand, qui a déjà réalisé pour les deux industriels l'Hôtel du Louvre en 1855. Après la pose de la première pierre le 5 avril 1861, les travaux durent à peine plus d'une année, facilités par le travail de nuit rendu possible grâce à l'éclairage électrique. Partout dans Paris la modernité est en marche. Grâce à son nouveau visage, la ville retrouve son lustre de capitale impériale, de vitrine de l'Europe, de lieu d'aimable propagande vantant les progrès et les miracles du Second Empire en prévision d'une apothéose : l'Exposition universelle, dont l'Empereur coupera le ruban le 1er avril 1867 sur le Champ-de-Mars.

The Pereire brothers developed the Plaine Monceau neighborhood in Paris in 1861, and the Ville d'Hiver in Arcachon the following year, having previously planned part of the Opéra district. They therefore owned a prime location where they could construct the hotel of their dreams: more than 500,000 square feet (50,000 square meters) of usable space, situated between the rue Auber, the rue Scribe, the boulevard des Capucines, and the place de l'Opéra—a city within the city!

Le Grand Hôtel and the adjoining Café de la Paix were designed by the architect Alfred Armand, who had already built the Hôtel du Louvre for the two industrialists in 1855. After the first foundation stone was laid, on April 5, 1861, the construction phase took just over one year, with the builders able to work at night thanks to electric lighting. The modern age was well underway. With this new look, the city once again radiated the splendor of an imperial capital, a European showcase, a testimony to the progress and miracles of the Second Empire, in anticipation of an apotheosis: the Universal Exposition, inaugurated with a ribbon-cutting ceremony by the emperor on the Champs-de-Mars on April 1, 1867.

Affiche Belle Époque vantant les charmes du Grand Hôtel et son emplacement stratégique au cœur de Paris. Facing page: a Belle Époque poster vaunting the charms of Le Grand Hôtel and its strategic location at the heart of Paris.

GRAND-HÔTEL
PARIS
GRAND-HÔTEL
IMPRIMERIE CAMIS
IMPRIMERIE CAMIS

Effervescence à l'intérieur et autour du Grand Hôtel, à la fois lieu de rendez-vous pour les hommes d'affaires et les élégantes parisiennes. Above and facing page: animation in and around Le Grand Hôtel, a meeting place for businessmen and elegant Parisiennes alike.

LE GRAND HÔTEL
CAFE DE LA PAIX

GRAND HOTEL

De coup de théâtre en coup de théâtre, Le Grand Hôtel figure bientôt dans l'intrigue de *La Vie parisienne*, un opéra-bouffe dans lequel, de manière satyrique, le compositeur Jacques Offenbach met en scène ses contemporains : demi-mondaines, jeunes arrivistes sans foi ni loi, aristocrates encanaillés, domestiques roublards… Ainsi dans un Paris factice et après de nombreux quiproquos, un baron suédois bien naïf pense séjourner dans une suite du Grand Hôtel, alors qu'il s'agit en réalité d'un simple appartement bourgeois. Dès la première représentation donnée le 31 octobre 1866 au théâtre du Palais-Royal, la pièce rencontre un vif succès. Eux-mêmes conquis, Napoléon III et son épouse y assisteront le 28 décembre suivant.

With one dramatic twist leading to another, Le Grand Hôtel soon became entwined in the intrigue of La Vie parisienne, an *opéra-bouffe* in which the composer Jacques Offenbach created satirical pieces about his contemporaries: demimondaines, faithless social climbers, slumming aristocrats, and crafty servants. In this play set in a bogus version of Paris, after multiple mix-ups a naïve Swedish baron believes he is staying in a suite at Le Grand Hôtel, while he is actually in a mediocre bourgeois apartment. It was a huge hit from its opening night on October 31, 1866 at the Théâtre du Palais-Royal—even captivating Napoleon III and his wife, who attended on December 28 of the same year.

En souhaitant embellir Paris, Napoléon III a participé à l'essor d'un style architectural et décoratif qui porte son nom (en haut). Le salon de lecture Ravel (à droite). Above: in his desire to embellish Paris, Napoleon III contributed to the success of the architectural and decorative style that bears his name. Facing page: the Ravel reading room.

Du mobilier aux éléments ornementaux, les arts décoratifs français sont partout à l'honneur. Le Grand Hôtel est la vitrine de nombreux savoir-faire. From furniture to ornamentation, the French decorative arts are on display everywhere. Le Grand Hôtel provides a showcase of many forms of craftsmanship.

## SOUS LE FEU DES PROJECTEURS

Le Grand Hôtel n'est pas encore né que ses échafaudages sont immortalisés en juillet 1861 par Félix Nadar venu en voisin. Le photographe des élites s'est en effet installé l'année précédente dans un vaste studio au 35, boulevard des Capucines. Il a fait surélever l'immeuble, poser une façade vitrée aux menuiseries peintes en rouge (sa couleur fétiche) et, fin du fin, il a commandé une enseigne lumineuse à Antoine Lumière, père des célèbres frères Lumière. En avril-mai 1874, deux ans après le départ de Nadar, les lieux accueillent la première exposition impressionniste, à l'initiative d'artistes refusés par le Salon de Paris : Caillebotte, Cézanne, Degas, Pissarro, Renoir ou bien encore Monet, qui réalisera plusieurs toiles sur le thème du boulevard des Capucines. Autour du Grand Hôtel, un quartier tout entier est désormais placé sous les feux de la rampe. En effervescence de jour comme de nuit ! Il faut rappeler que le Second Empire est une période de prospérité pour le monde du spectacle, en pleine démocratisation. Mettant un terme à tout contrôle administratif, hormis la censure, la « liberté des théâtres » est instaurée par un décret impérial du 6 janvier 1864. Les nombreux établissements du quartier font salle comble. Au même moment, un comédien va sans le savoir révolutionner l'art du maquillage en mettant au point un fard cuit et sec « pour le théâtre et pour la ville », présenté dans une petite boîte ronde et colorée. Mais Joseph-Albert Ponsin n'a pas la bosse du commerce et cède donc son affaire en 1868 à un certain Alexandre-Napoléon Bourjois. La suite est connue… Ce dernier développera un empire autour des fards auxquels il donne son nom !

## IN THE LIMELIGHT

Before Le Grand Hôtel had even been finished, its scaffolding was immortalized by a neighbor, Félix Nadar, in July 1861. The previous year, the celebrity photographer had moved to a huge studio at 35 boulevard des Capucines. He had a floor added to the building; installed a glass façade on the structure, which was painted red (his favorite color); and as the finishing touch, ordered an illuminated sign from Antoine Lumière, father of the famous Lumière brothers. In April–May 1874, two years after Nadar had moved, the building was used as a venue for the first impressionist exhibition, organized by the artists whose works had been refused by the Salon de Paris. They included Caillebotte, Cézanne, Degas, Pissarro, Renoir, and Monet, who painted several canvases depicting views of the boulevard des Capucines. The entire neighborhood all around Le Grand Hôtel was incandescent, in full swing day and night. Theaters and entertainment flourished during the Second Empire, as events became more widely accessible to all. An imperial decree dated January 6, 1864 instituted greater freedom for theaters by putting an end to administrative oversight, with the exception of censorship. The many establishments in the neighborhood had full houses. During this time, one actor would unknowingly revolutionize the art of makeup by developing a baked, dry stage makeup "for the theater and for the city," packaged in a small, colorful round box. But Joseph-Albert Ponsin was not cut out for business and decided to sell his company in 1868 to a certain Alexandre-Napoléon Bourjois who went on to build an empire based on the makeup products that carry his name.

Gravure de la fin du XIXe siècle représentant l'angle de la rue Scribe et du boulevard des Capucines, avant que l'entrée du Grand Hôtel ne soit déplacée rue Scribe. Facing page: a late-nineteenth century print showing the corner of the rue Scribe and the boulevard des Capucines, before the entrance to Le Grand Hôtel was moved to the rue Scribe.

## L'INVENTION D'UN STYLE

Derrière de protectrices façades en pierre blonde venue des carrières de Chantilly, Le Grand Hôtel est une ambassade de la France, un lieu d'accueil pour tout le gratin. Il offre le nec plus ultra en termes d'installations et de prestations hôtelières. Le fait qu'un voisin hôtelier ait obtenu la modification de son nom de baptême ne semble pas le perturber. Il avait effectivement été prévu que l'établissement se nomme « Grand Hôtel de la Paix », mais c'était sans compter sur la détermination d'un certain monsieur Muller, propriétaire d'un hôtel de la Paix situé au 32 de la rue éponyme. Il obtint gain de cause après avoir intenté un procès pour concurrence déloyale. Exit la mention « La Paix » (à l'exception du café). Il restera l'imposant, l'unique Grand Hôtel, inscrit au prestigieux Inventaire des monuments historiques en 1975.

Cent ans plus tôt, le 5 janvier 1875, Le Grand Hôtel est aux premières loges de l'inauguration de l'Opéra de Paris par le président Mac Mahon. Le Second Empire a en effet laissé place à la III^e^ République, mais l'édifice érigé par Charles Garnier, à la suite d'un concours, répond bien à une volonté de Napoléon III. Il a même été déclaré projet d'utilité publique par un arrêté du 29 septembre 1860. Une décision impériale et impérieuse née à la suite de l'attentat qui visa le couple régnant le 14 janvier 1858, à proximité de la salle d'opéra de la rue Le Peletier, le théâtre de l'Académie royale. Ils furent miraculeusement épargnés, mais il y eut de nombreux morts et blessés dans cette artère assez exiguë. Une nouvelle construction dans un environnement plus vaste et aéré s'imposa donc. Ce sera un lieu d'apparat digne de cette ambitieuse époque ainsi que la quintessence d'une nouvelle esthétique : le style Napoléon III, dont la vogue durera jusqu'à l'apparition de l'Art déco dans les années 1910 !

## USHERING IN A NEW STYLE

Protected by its façade of light stone, quarried in Chantilly, Le Grand Hôtel stood as a prestigious representative of France, a place that hosted society's upper crust. It offered the ultimate in terms of hotel services and facilities. The fact that a nearby hotel owner forced a change to its original name seems to have had little impact. This hotel was initially supposed to be called Le Grand Hôtel de la Paix, but the owners did not factor in the determination of a certain Monsieur Muller, who owned the Hôtel de la Paix, located at 32 rue de la Paix. He won his lawsuit for unfair competition. So, out with the name "La Paix" (except for the café). It would remain the imposing, the one and only Grand Hôtel, added to the prestigious list of French historic monuments in 1975.

One hundred years earlier, on January 5, 1875, Le Grand Hôtel held a front-row seat for the inauguration of the Paris Opéra by French president MacMahon. Although the Second Empire had been replaced by the Third Republic, the edifice built by Charles Garnier, whose design won the competition, reflected Napoleon III's wishes. It had even been declared a public utility project by decree on September 29, 1860. This was an imperial and imperious decision, taken after an assassination attempt targeting the reigning couple, on January 14, 1858, near the Théâtre de l'Académie Royale, home to the opera, on the rue Le Peletier. Miraculously, they survived unscathed, but many people died or were wounded in the narrow street. It was therefore necessary to construct a new building in a larger, more open environment. It would be a lavish venue, worthy of the ambitious era and the embodiment of a new aesthetic: the Napoleon III style, a fashion that would hold sway in France until the advent of art deco in the 1910s!

L'opéra Garnier est l'un des grands chantiers de Napoléon III. Bustes, sculptures, bas-reliefs… la richesse de ses façades et de ses coupoles est remarquable. Facing page: the Opéra Garnier was one of Napoleon III's great building projects. Its domes and façades are lavishly decorated with busts, sculptures, and bas-reliefs.

« Qu'est-ce que c'est que ce style-là ? Ce n'est pas un style !... Ce n'est ni du grec, ni du Louis XV, pas même du Louis XVI », s'était pourtant exclamée l'impératrice Eugénie en découvrant les plans, avant que Charles Garnier ne lui rétorque : « Non, ces styles-là ont fait leur temps... C'est du Napoléon III ! Et vous vous plaignez ! » Voir grand, toujours grand à l'ombre du Grand Hôtel. Dans la foulée, l'Empereur demandera au baron Haussmann d'aménager une large avenue reliant le bâtiment de Garnier au palais des Tuileries où il réside. Perpendiculaire à la rue de la Paix, dont le percement fut, lui, décidé par Napoléon Ier, ce nouvel axe de circulation aurait dû être baptisé « avenue Napoléon III », mais achevé en 1879, soit bien après la fin du Second Empire, il sera plus prosaïquement renommé « avenue de l'Opéra ».

"What sort of style is that? It is not a style! It is neither Greek, nor Louis XV, nor even Louis XVI," exclaimed Empress Eugénie on discovering the plans—to which Charles Garnier replied: "No, those styles are all outdated. This is Napoleon III! And you complain?" Thinking ever bigger, in the shadow of Le Grand Hôtel. As all this was underway, the emperor asked Baron Haussmann to create a large avenue linking the Garnier building to the Tuileries palace, where he lived. Perpendicular to the rue de la Paix, a street planned by Napoleon I, this new avenue was to have been called "avenue Napoléon III," but because it was completed in 1879, long after the end of the Second Empire, it received the more prosaic name of "avenue de l'Opéra."

L'inauguration de l'Opéra le 5 janvier 1875 par le peintre Édouard Detaille, en présence du président de la République, Patrice de Mac Mahon, dans la loge, de Charles Garnier et Jean-Baptiste Carpeaux sur le palier (à droite). Autre témoignage, la gravure de Georges Scott et Louis-Joseph-Amédée Daudenarde parue dans *Le Monde illustré*. Facing page: this painting by Édouard Detaille shows the inauguration of the Opéra Garnier on January 5, 1875, in the presence of the French President Patrice de MacMahon, with Charles Garnier in the box and the sculptor Jean-Baptiste Carpeaux on the landing. Above: a print by Louis-Joseph-Amédée Daudenarde, published in *Le Monde Illustré*.

LE GRAND HOTEL
CAFÉ DE LA PAIX
RESTAURANT CAFÉ de la PAIX

CHOREGRAPHIE

« L'édification du Grand Hôtel, ancêtre des palaces contemporains, fut pour les Parisiens du XIX^e^ siècle un événement comparable à ce que peuvent être pour nous un voyage dans la stratosphère, le lancement du *Normandie* ou le mystère de la télévision. »

Léon-Paul Fargue (1876-1947), *Le Piéton de Paris*

*"Nineteenth-century Parisians experienced the construction of Le Grand Hôtel—the precursor of today's luxury hotels—the way we might experience a voyage in the stratosphere, the launch of the* Normandie *liner, or the mystery of television."*

*Léon-Paul Fargue, Le Piéton de Paris (1876–1947).*

Élégance et sobriété sont de mise dans le grand escalier qui dessert les quatre premiers étages cu palace. Facing page: the understated elegance of the grand staircase leading to the hotel's first four floors of the hotel.

Rehaussé de quelques touches de noir, le ton gris perle donne à cette suite junior et à sa salle de bains une allure très couture, à la manière des maisons de mode parisiennes. Pages 38–43: the pearl gray color scheme, enhanced with touches of black, gives this junior suite and its bathroom a very couture look reminiscent of the Paris fashion houses.

Dans les mêmes teintes que la chambre, un panoramique en grisaille court sur les murs des paliers menant aux chambres (pages suivantes). Représentant plusieurs vues et monuments de Paris, il est l'œuvre de l'éditeur Papiers de Paris. Pages 44–45: echoing the tones of the room, a panoramic grisaille wallpaper featuring views of Paris and its monuments, edited by Papiers de Paris, runs along the walls of the landings leading to the rooms.

2
Chambres Guestrooms
Capucines 2200-2238
Montmartre 2600-2607

## UN QUARTIER EN EFFERVESCENCE

Auguste et immuable, Le Grand Hôtel accompagne l'histoire au cœur d'un quartier entièrement remodelé par le baron Haussmann. Mêlant affaires et plaisirs, les établissements bancaires voisinent avec les théâtres, les cafés et les Grands Magasins – « cathédrales du commerce moderne », écrira Émile Zola dans *Au Bonheur des Dames*. Ainsi, sur le boulevard Haussmann, les Grands Magasins du Printemps ont ouvert en 1865, et les Galeries Lafayette suivront en 1893. Tout autour de l'hôtel, les Grands Boulevards offrent des chroniques quotidiennes de la Belle Époque. Sur des colonnes implantées sur les trottoirs, l'imprimeur d'affiches Morris & Cie informe les passants du programme complet des spectacles dans la capitale. « L'Univers est là », s'enthousiasme l'écrivain Alfred de Musset. À la fin du mois de novembre 1909, les gazettes parisiennes sont en émoi. Sa Majesté le roi Manuel II de Portugal est descendu au Grand Hôtel. Il n'a pas vingt ans et s'enflamme pour une jeune étoile du music-hall d'origine marseillaise, Gaby Deslys, qui danse à l'Olympia tout proche. Voilà pour une anecdote historique !

## AN EFFERVESCENT NEIGHBORHOOD

Majestic and timeless, Le Grand Hôtel was an integral part of the history of a neighborhood entirely redesigned by Baron Haussmann. It combined business and pleasure, with banks alongside theaters, cafés, and the large department stores—"cathedrals of modern commerce," as Émile Zola wrote in *Au Bonheur des Dames (The Ladies' Delight)*. The Grands Magasins du Printemps opened in 1865 on boulevard Haussmann, followed by the Galeries Lafayette in 1893. The Grands Boulevards, stretching out all around the hotel, were a backdrop for a daily display of the Belle Époque lifestyle. The poster company Morris & Cie informed passersby about all the shows underway in the capital, displayed on columns along the sidewalks. "The world is here," enthused the writer Alfred de Musset. In late November 1909, the Parisian gazettes were all aflutter: His Majesty, King Manuel II of Portugal, was staying at Le Grand Hôtel. Not yet twenty years old, he had fallen head over heels for a young music-hall singer and actress from Marseille, Gaby Deslys, who danced at the nearby Olympia. Quite the historical anecdote!

Déjà au début du xxe siècle, en noir et blanc ou en sépia, Le Grand Hôtel et le Café de la Paix étaient aux premières loges de la vie parisienne (à droite). Quelques décennies plus tard, dans des versions colorisées (pages suivantes), Le Grand Hôtel promeut ses services avec glamour ! Facing page: in the early twentieth century, in black-and-white or sepia, Le Grand Hôtel and the Café de la Paix enjoyed a front-row view of Parisian life! Pages 48–49: a few decades later, colorized photographs added glamor to advertisements for Le Grand Hôtel.

GRAND-HOTEL
Café de la Paix
GRAND HOTEL
CAFÉ DE LA PAIX

CAFÉ DE LA PAIX
RESTAURANT DE LA PAIX

LE GRAND HOTEL
LE GRAND HOTEL
EL

La couleur rouge de la chambre deluxe fait écho à celle du rideau de scène de l'Opéra.
Pages 50–53: the red used in the Deluxe room echoes the stage curtain at the Opéra.

PAISIELLO
PICCINI

L'Histoire majuscule, elle, n'épargnera pas Le Grand Hôtel, au même titre que les autres illustres établissements parisiens. Lors de la Première Guerre mondiale, il met gratuitement à disposition de nombreuses chambres pour des réfugiés belges chassés de chez eux par l'offensive allemande. Il servira aussi d'hôpital militaire. Le 17 juin 1940, soit cinq jours après que la ville de Paris a été déclarée « ville ouverte », Le Grand Hôtel est entièrement réquisitionné par les Allemands. Avant leur arrivée, son propriétaire, André Million, aura eu la présence d'esprit de faire murer les caves renfermant les grands crus, lesquels seront redécouverts par les Américains lors de la Libération. *Happy end !*

Le Grand Hôtel fait à jamais partie de l'histoire et du paysage parisien. Longer ses façades est devenu familier. Il est un point de repère à la sortie du métro Opéra. Avec le Café de la Paix, il constitue un lieu de rendez-vous prisé ainsi que le point de départ de nombreuses escapades citadines : l'opéra Garnier, la Comédie-Française, le Louvre, la place Vendôme, la place de la Madeleine, les Grands Magasins, les Grands Boulevards… Il est né d'un rêve de grandeur. Il consacrera la Belle Époque, traversant les décennies depuis. Inébranlable. Atemporel.

The march of history did not spare Le Grand Hôtel, and it shared a fate suffered by other famous Paris establishments. During World War I, it provided many rooms free of charge for Belgian refugees fleeing their homes to escape the advancing German army. It was also transformed into a military hospital. On June 17, 1940, five days after the city of Paris had been declared an "open city," Le Grand Hôtel was entirely requisitioned by the Germans. Prior to their arrival, the owner, André Million, had the presence of mind to wall off the cellars containing their grand cru wines, which the Americans rediscovered during the liberation. A perfect ending!

Le Grand Hôtel will forever be a part of the Parisian landscape and its history. Its façade is a familiar site to city strollers. It is a landmark for people coming out of the Opéra metro station. Along with the Café de la Paix, it is an elegant spot for a rendezvous as well as the starting point for multiple excursions around the city: the Opéra Garnier, the Comédie-Française, the Louvre, the place Vendôme, the place de la Madeleine, the Grands Magasins, the Grands Boulevards. It arose from dreams of grandeur. It is the ultimate embodiment of the Belle Époque, standing tall throughout the subsequent decades. Unshakeable. Timeless.

L'art, le confort, le raffinement sont présents dans les moindres détails : distingué sous-main en cuir, délicate timbale de fleurs, moelleux coussins… Pages 55–56: art, comfort and elegance are all around: refined leather desk blotter, delicate tumbler of flowers, soft cushions….

# Stéphane Bern

*Écrivain et journaliste*
*Writer and journalist*

Que de souvenirs heureux me rattachent à cet hôtel mythique qu'est Le Grand Hôtel, inauguré en 1862 par l'impératrice Eugénie, qui aurait d'ailleurs confié : « Je m'y sens comme chez moi. » Et au Café de la Paix, dont le passé est tout aussi glorieux. Au-delà des défilés de mode ou des galas – je me souviens notamment de celui en l'honneur du royaume de Thaïlande à la décoration époustouflante –, c'est au Grand Hôtel que fut recréé dans les années 1980 le Bal des débutantes avec le magazine *Point de Vue*, en présence de la comtesse de Paris et de Mme Bernadette Chirac.
Plus personnellement, alors que je devenais rédacteur en chef du magazine *Dynastie*, à la fin des années 1980, et que nos bureaux du boulevard des Capucines étaient installés au-dessus du célèbre café du Trou dans le mur, où fut inventé le croque-monsieur, nous organisions des déjeuners mi-littéraires mi-historiques présidés par SAR le prince Jacques, duc d'Orléans, dans l'un des salons du Café de la Paix. Cet endroit prestigieux, où avaient leurs habitudes Maupassant, Proust, Oscar Wilde, Massenet et tant d'autres célébrités comme Marlene Dietrich, devait être suffisamment inspirant pour que d'autres titres de presse et la télévision l'imitent en lançant leurs propres tables rondes. Il est vrai que depuis le Second Empire, sous les lambris vénérables de ce monument historique, on a toujours aimé parler littérature, politique, histoire et culture.

I have so many happy memories linked to the legendary Grand Hôtel, inaugurated in 1862 by Empress Eugénie—who is said to have confided that "it feels like home to me." And many others from the Café de la Paix, with its equally glorious history. Beyond the fashion shows and the galas—I have a clear memory of one held in honor of the kingdom of Thailand, with breathtaking decorations—it was at Le Grand Hôtel that the Bal des Débutantes was recreated in the 1980s with the magazine *Point de Vue*, attended by both the Countess of Paris and Mme Bernadette Chirac.

On a more personal note, when I became editor in chief of *Dynastie* magazine in the late 1980s, our offices on boulevard des Capucines were located above the famous Trou dans le mur café, where the croque-monsieur was invented. We used to organize semi-literary, semi-historic lunches presided by His Royal Highness Prince Jacques, the Duke of Orléans, in one of the salons of the Café de la Paix. This prestigious spot, which had been popular with Maupassant, Proust, Oscar Wilde, Massenet, and so many celebrities, including Marlene Dietrich, was so inspiring that other magazines and television shows imitated it, by starting up their own round tables. It's true that since the Second Empire, everyone has always loved to discuss literature, politics, history, and culture within the paneled walls of this historic monument.

# LE GRAND HÔTEL

*& le style français*

*Le Grand Hôtel and French style*

# UN CHARME INTEMPOREL
*Timeless charm*

## LA VIE DE CHÂTEAU

Le 15 juillet 1862, soit près de deux mois après son inauguration officielle au son du quadrille des lanciers orchestré par le compositeur Jacques Offenbach, Le Grand Hôtel accueille ses premiers clients. Il coche alors toutes les cases de la haute hôtellerie telle qu'elle se développe en Europe à partir de la seconde moitié du XIXe siècle. Loger, restaurer, divertir, émerveiller… le pari est en passe d'être gagné. « Je me suis crue à Compiègne ou à Fontainebleau », s'exclamera l'impératrice Eugénie en pénétrant dans les lieux. La comparaison est très élogieuse et fort symbolique, car c'est au château de Compiègne que la jeune femme a rencontré son futur époux Napoléon III, en décembre 1852. Le couple impérial prendra par la suite l'habitude d'y installer la cour durant plusieurs semaines à l'automne, la demeure se transformant alors en un vaste hôtel avec de nombreux appartements réservés aux invités. Le château de Fontainebleau, pour sa part, est à jamais associé à la famille Bonaparte. « La vraie demeure des rois, la maison des siècles », tel que l'écrira, deux ans après y avoir abdiqué, Napoléon Ier depuis son exil de Sainte-Hélène en 1816. Entre-temps, Fontainebleau aura également vu le baptême du prince Charles-Louis Bonaparte, futur Napoléon III, le 4 novembre 1810 dans la chapelle de la Trinité.

## A LIFE OF LUXURY

On July 15, 1862, nearly two months after Le Grand Hôtel was officially inaugurated, to the sounds of the Quadrille of the Lancers, orchestrated by the composer Jacques Offenbach, it welcomed its first guests. It ticked all the boxes for a luxury hotel, which appeared throughout Europe in the second half of the nineteenth century. Sleeping, dining, entertainment, diversions: the hotel offered nearly everything. "I thought I was in Compiègne or in Fontainebleau," exclaimed Empress Eugénie as she stepped into the hotel. The glowing comparison was highly symbolic, because the young woman met her future husband, Napoleon III, at the château de Compiègne in December 1852. The imperial couple regularly set up court there for several weeks in the fall, when the estate would be transformed into an immense hotel, with multiple apartments reserved for guests. As for the Château de Fontainebleau, it is forever linked to the Bonaparte family. "The true home of kings, the house of centuries," as Napoleon I wrote, two years after his abdication, from his exile on Sainte-Hélène in 1816. Fontainebleau also witnessed the baptism of Prince Charles-Louis Bonaparte, the future Napoleon III, on November 4, 1810, in the Chapelle de la Trinité.

Sous la grande verrière, les visiteurs s'installent à toute heure sur les avenantes banquettes en velours et fauteuils bergères dont les dossiers médaillons sont tapissés de toile de Jouy. Facing page: under the large glass ceiling, guests can settle at any time of day on the appealing velvet banquettes and the bergère armchairs with medallion backs upholstered in Toile de Jouy.

Abrité derrière de rectilignes façades scandées d'imposants pilastres, le décor du Grand Hôtel, à l'instar de celui du Café de la Paix, se rapproche à dessein du cadre d'une demeure impériale. Il est aussi l'incarnation d'une *success story* française, celle des frères Pereire, entrepreneurs aux intérêts bien compris, dans un Paris centre du monde où convergent désormais des voyageurs venus de toute l'Europe et d'autres continents *via* les chemins de fer et les premiers paquebots transatlantiques. Tentures pourpres, dorures à l'or fin, miroirs au mercure, parquets Versailles en chêne massif...

Housed behind the rectilinear façades adorned with imposing pilasters, the décor of Le Grand Hôtel, like that of the Café de la Paix, intentionally resembled that of an imperial home. It was also the ultimate French success story, that of the Pereire brothers, entrepreneurs with enlightened self-interest, in a Paris that had become the center of the world, where visitors converged from all over Europe and other continents on the first transatlantic ocean liners and by railway.

À l'origine, Le Grand Hôtel renfermait une vaste cour d'honneur à ciel ouvert, accessible aux calèches et aux équipages. Elle sera recouverte au début du XXe siècle d'une verrière monumentale dans un esprit jardin d'hiver. Le Grand Hôtel originally had a vast open courtyard, accessible to horse-drawn carriages. In the early twentieth century, it was covered with a monumental, conservatory-style glass ceiling.

Sous la houlette de leur architecte de confiance Alfred Armand, auteur du somptueux hôtel particulier des Pereire rue du Faubourg-Saint-Honoré, les meilleurs artisans sont intervenus sur le chantier, ainsi que des artistes cotés, en particulier les peintres de nature morte Alexis de Ghéquier et Léon Rousseau, les sculpteurs Pierre-Jules Cavelier, Alfred Darvant ou Jean-Joseph Perraud. S'élevant sur sept niveaux, l'établissement renferme alors plus de sept cents chambres et suites équipées en grand nombre de salles de bains privatives, sans compter une quarantaine de salons. Sous plus de trois mètres de hauteur sous plafond, les larges couloirs permettent le croisement de deux crinolines ! De multiples services offrent la possibilité de séjourner quasiment en autarcie : table d'hôte, restaurant à la carte, bureaux de change, de poste ou de tabac, établissement de bains (spa avant l'heure !), agences de voyages et de spectacles, interprètes... Cette impression est renforcée par la présence, en rez-de-chaussée sur le boulevard des Capucines, les rues Scribe et Auber, de nombreux commerces allant du coiffeur-parfumeur au caviste, de l'opticien à l'éditeur de musique et au facteur de pianos, du fourreur au tailleur, du glacier à l'expert en tableaux.

Crimson drapes, gold leaf, mercury mirrors, solid oak Versailles parquet floors: the best craftsmen worked on the project, along with established artists, in particular the still life painters Alexis de Ghéquier and Léon Rousseau, and the sculptors Pierre-Jules Cavelier, Alfred Darvant, and Jean-Joseph Perraud, under the supervision of their trusted architect Alfred Armand—who designed the sumptuous Pereire private mansion on rue du Faubourg-Saint-Honoré. The seven-floor establishment included more than seven hundred rooms and suites, many of which were fitted with private bathrooms, along with some forty salons. The corridors, with ten-foot- (three-meter-) high ceilings, were wide enough for two women wearing crinolines to pass each other. Multiple services allowed guests to enjoy their stays in almost complete self-sufficiency: evening meals, an à la carte restaurant, a currency exchange office, a post office, a tobacco store, a bathing establishment (a precursor to our spas), a travel and ticket agency, and interpreters. This full-service experience was further bolstered by the presence, on the ground floor of the boulevard des Capucines and along the rues Scribe and Auber, of many shops, ranging from hairdressers and perfume stores to wine cellars, opticians, music publishers and piano makers, furriers, tailors, ice cream makers, and fine art appraisers.

Pensé comme une devanture de la vie parisienne et de l'art de vivre à la française, Le Grand Hôtel a longtemps abrité des commerces haut de gamme et spécialisés, notamment un caviste... aussi renommé que les caves du Grand Hôtel (ici en 1938) qui conservaient des vins provenant de toutes les régions de France. Intended as a window onto Parisian life and the French *art de vivre*, Le Grand Hôtel was long home to high-end and specialty stores, notably a wine merchant whose reputation matched that of the hotel's wine cellars (here in 1938), which stored wines from every region in France.

GRAND HÔTEL
Restaurant
CAVES
DU
GRAND-HÔTEL
GRAND HÔTEL
Restaurant

D'une superficie de plus de 500 m², le jardin d'hiver est devenu un lieu de rendez-vous cosmopolite au cœur de Paris, néanmoins préservé de l'agitation citadine. Son aménagement a évolué au fil des années, mais son décor reste intemporel. With a surface area of over 5,000 square feet, the conservatory became a cosmopolitan meeting place at the heart of Paris, sheltered from the hustle and bustle of the city. Its décor has changed over the years, but the setting has preserved its timeless charm.

RESTAURANT

# « Ajouter deux lettres à Paris : c'est le paradis. »

Jules Renard (1864-1910)

## *"Add two letters to Paris: it's paradise*."*

*Jules Renard (1864–1910).*

*The French word for paradise is* paradis…*

La dernière rénovation menée par l'architecte d'intérieur Pierre-Yves Rochon confère une éclatante luminosité à la grande verrière et une atmosphère résolument printanière ! Taking advantage of the light from the large glass ceiling, the latest renovation by interior designer Pierre-Yves Rochon created the sense that spring is in the air!

Jeux d'unis et de motifs sophistiqués, les tissus, moquettes et tapis renchérissent partout la sensation de confort, que ce soit dans les espaces de réception et de restauration ou dans les chambres et les suites.
The elegantly patterned fabrics, carpets, and rugs in the reception and dining areas and in the rooms and suites heighten the general feeling of comfort.

RESTAURANT OPERA
BAR
BAR
BAR

## DES HÔTELIERS D'EXCEPTION

À l'origine, l'entrée principale du Grand Hôtel se situait au 12, boulevard des Capucines, et les voitures à cheval pouvaient s'y garer dans la cour intérieure. En 1905, l'entrée est définitivement transférée au 2, rue Scribe. L'ancienne cour est couverte d'une verrière signée de l'architecte Paul-Henri Nénot et transformée en salon de thé inspiré d'une tendance très en vogue à l'époque : le *Wintergarten* (« jardin d'hiver ») orné d'arbustes, de fleurs et d'une fontaine en son milieu. Quoi de plus plaisant alors que de siroter une tasse de thé troublé par un nuage de lait dans ce décor aux notes champêtres ! Élégant, nimbé d'une atmosphère détendue, l'établissement tout entier entre dans le XX^e siècle, guidé par Arthur Millon, hôtelier d'exception aux origines modestes, qui exploitait déjà le Café de la Paix depuis septembre 1897 et dont l'ascension sociale exemplaire est comparable à celle de son voisin de la place Vendôme, César Ritz. Propriétaires, entre autres, du Pavillon Ledoyen, des hôtels Meurice et du Prince de Galles, Arthur Millon puis son fils André marqueront durablement Le Grand Hôtel et le Café de la Paix.

## EXCEPTIONAL HOTELIERS

Initially, the main entrance to Le Grand Hôtel was located at 12 boulevard des Capucines, where horse-drawn carriages could wait in the inner courtyard. In 1905, the entrance was permanently moved to 2 rue Scribe. The former courtyard was covered with a glass roof designed by the architect Paul-Henri Nénot and transformed into a tea room inspired by an extremely popular trend at the time: the *wintergarten*, or conservatory, filled with shrubs and flowers, with a fountain in the middle. What could be more pleasant than to sip a cup of tea with a splash of milk in this pastoral setting? Elegant, with a casual ambience, the establishment glided into the twentieth century under the watchful eyes of Arthur Millon, an exceptional proprietor from humble origins who had also been running the Café de la Paix since September 1897. His exemplary rise in social status is comparable to that of his neighbor on the place Vendôme, César Ritz. As the owner of the Pavillon Ledoyen as well as the Meurice and Prince de Galles hotels, among others, Millon, and later his son André, left a lasting mark on Le Grand Hôtel and the Café de la Paix.

Depuis son installation au début du XX^e siècle, et en fonction des modes, la grande verrière a subi plusieurs transformations structurelles. Elle a même été obstruée ! According to changing fashions, the large glass ceiling has undergone several structural changes since it was installed in the early twentieth century. At one time, it was even covered over!

Solidement ancrés dans le paysage parisien, riches d'une clientèle cosmopolite, les deux institutions rejoignent en 1982 la très réputée chaîne InterContinental Hotels & Resorts. Cette reconnaissance professionnelle jette un nouveau coup de projecteur et doit notamment s'accompagner d'une remise en beauté. En 1985, aux côtés de l'entreprise Bouygues Construction, l'architecte d'intérieur Pierre-Yves Rochon entre ainsi en scène. Fin connaisseur des styles décoratifs français, il questionne le passé du Grand Hôtel pour mieux réenchanter son avenir. « Je me suis intéressé aux plans d'origine, à l'esprit haussmannien. J'ai redessiné un équilibre, en libérant par exemple la grande verrière cachée sous des dalles de béton depuis les années 1970. Les hauteurs sous plafond ont été rétablies, particulièrement dans le lobby qui était asphyxié par la bagagerie. Les chambres aussi ont retrouvé du volume. »

Firmly established in the Paris scene and host to a cosmopolitan clientele, the two institutions joined the renowned InterContinental Hotels & Resorts chain in 1982. This professional recognition once again focused attention on the hotel, notably through a program of refurbishments. In 1985, the interior designer Pierre-Yves Rochon appeared on the scene, working with the Bouyges Construction company. An acknowledged expert in French decorative styles, he delved into the history of Le Grand Hôtel to create a bedazzling future. "I looked at the original plans, the Haussmannian spirit. I recreated a sense of harmony, for example, by opening up the large glass ceiling that had been hidden under concrete slabs since the 1970s. The original ceiling heights were restored, particularly in the lobby, which was cramped due to the luggage storage area. The rooms were also enlarged."

De jour comme de nuit, cet espace majestueux est baigné de lumière. L'ambiance évolue au fil des heures, mais garde toute son éloquence, à l'image de l'imposant lustre en fer forgé et doré dont les boules d'opaline, une fois éclairées, se reflètent presqu'à l'infini.
Day and night, this magnificent space is bathed in light. The mood shifts as the hours go by but the elegance remains. When the opaline glass balls on the impressive gilded wrought iron chandelier are lit, they seem to reflect endlessly.

Le luxe toujours niche dans les détails, comme ici, le soin particulier apporté à la confection des banquettes et coussins, des pavements en mosaïque de marbre et de pierre ou des luminaires finement ouvragés. Scandées de pilastres, cariatides et balustrades en fer forgé, les belles façades intérieures du Grand Hôtel célèbrent la distinction de l'architecture haussmannienne (pages suivantes). True luxury lies in the details: the meticulously designed banquettes and cushions, the marble and stone mosaic floors, the delicately crafted lamps. Pages 80–81: adorned with pilasters, caryatids, and wrought iron balustrades, the beautiful interior façades of Le Grand Hôtel are an ode to the elegance of Haussmannian architecture.

## LA CÉLÉBRATION DE L'ÉCLECTISME

À proximité immédiate de l'opéra Garnier, Le Grand Hôtel joue un nouvel épisode de son existence. « Les hôtels ont besoin d'une histoire », insiste si justement Pierre-Yves Rochon, internationalement reconnu pour son expertise dans ce secteur d'activité. « J'ai moi-même plusieurs histoires avec ce lieu. » Dernière chronique en date : la nouvelle décoration de suites, entre 2019 et 2020, dans un esprit résidentiel et intimiste. Si les camaïeux beiges servent de fil rouge, le jaune d'or, le rose poudré, le taupe, le céladon et le bleu mille-et-une-nuits sont déployés au gré des étages par de raffinées alliances de tissus. Rayés, texturés, à motifs floraux ou imprimé léopard, ils évoquent audacieusement le vestiaire de la mode parisienne, qu'il soit féminin ou masculin.

Un même éclectisme préside à la sélection du mobilier. Les modèles classiques sont gentiment chahutés par quelques intemporels du design des années 1950 à 1970, comme dans la suite « Charles Garnier » qui, nichée sous les toits mansardés de l'hôtel, est l'un des endroits favoris de Pierre-Yves Rochon. Tel un cocon ouaté, cette harmonieuse suite blanche s'inspire du ballet du *Lac des cygnes*. Et où que l'on soit, y compris dans la salle de bains en marbre calacatta oro, le panorama sur l'Apollon et les toits de l'Opéra est un véritable enchantement. À l'opposé du bâtiment, la vision tout aussi prégnante de la tour Eiffel. La célèbre *Dame de fer* sert d'égérie au décor chic et féminin de la suite « La Parisienne ». L'architecte d'intérieur a collaboré avec des éditeurs de tissus et de mobilier français renommés, tels Pierre Frey, Manuel Canovas, Laval, Collinet ou Counot Blandin. Ainsi que la marque de l'image La Photofactory, dont le fonds d'archives photographiques (de la seconde moitié du XIXe siècle à nos jours) permet d'illustrer et d'accompagner toutes les narrations décoratives imaginées par Pierre-Yves Rochon et ses équipes dans la célébration de l'art de vivre à la française.

## A CELEBRATION OF VARIETY

Located right next to the Opéra Garnier, Le Grand Hôtel embarked on a new episode in its existence. "Hotels need a history," insists Pierre-Yves Rochon, who is internationally acclaimed for his expertise in this sector. "I have history with this place myself." The most recent: a new design for the suites, between 2019 and 2020, which created an intimate, residential mood. While the underlying theme is a palette of beige, other colors—golden yellow, powder pink, taupe, celadon, and midnight blue—are used throughout the floors, through elegant combinations of fabrics. Striped, textured, featuring floral patterns or leopard prints, they are eye-catching reminders of the Parisian wardrobe—both feminine and masculine.

The furniture was selected with the same eclectic approach. Classical designs were gently shaken up with a few timeless pieces from the 1950s to the 1970s, as in the Garnier suite, one of Pierre-Yves Rochon's favorite spots, tucked under the hotel's mansard roof. Like a cozy cocoon, the design for the harmonious all-white suite was inspired by *Swan Lake*. And wherever you are, including in the bathroom lined in Calacatta Oro marble, the view of Apollo and the rooftops of the Opéra is truly enchanting. On the opposite side of the building is the equally powerful sight of the Eiffel Tower. The famous Iron Lady was the inspiration for the chic, feminine décor in the Parisienne Suite. The interior architect worked with such renowned French furniture and fabric makers as Pierre Frey, Manuel Canovas, Laval, Collinet, and Counot Blandin, as well as the Photofactory, whose photographic archives (from the second half of the nineteenth century to the present) illustrate all the decorative narratives orchestrated by Pierre-Yves Rochon and his teams in their celebration of the French *art de vivre*.

Cheminée en marbre, boiseries, corniches et moulures, la suite présidentielle porte bien son nom. Aménagée dans des tonalités de jade, de beige et de blanc, elle est à la fois solennelle et accueillante (ici, et pages précédente et suivantes). Pages 83–87: with its marble fireplace, wood paneling, cornices, and moldings, the Presidential Suite lives up to its name. Its color scheme of jade green, beige, and white creates an ambience that is both dignified and welcoming.

Baignoire sur pieds et profond fauteuil club pour une invitation permanente à la détente dans la suite présidentielle.
A bathtub on legs and a roomy club chair—invitations to relax in the Presidential Suite.

Ce majestueux bleu impérial donne beaucoup de caractère à la suite du même nom. Il offre une parfaite harmonie avec le mobilier en bois sombre et les tissus gris nuage et bleu poudré. This splendid imperial blue, which gives its character to the suite of the same name, is a perfect match for the dark wood furniture and the cloud gray and powder blue fabrics.

La suite impériale rend hommage à Napoléon III et à Eugénie, dont les portraits – peints à l'origine par Franz Xaver Winterhalter – figurent en bonne place parmi les nombreux objets d'art qui agrémentent les lieux. The Imperial Suite pays tribute to Napoleon III and Empress Eugénie. The portraits of the imperial couple (originally painted by Franz Xaver Winterhalter) have pride of place among the many art objects that decorate the rooms.

Dans un doux camaïeu de gris, de beige et crème, la suite « The Pearl » associe son mobilier aux accents contemporains à des luminaires de style Empire notamment. Pages 94–97: the Pearl Suite is decorated in soft hues cf gray, beige, and cream. Its furniture has a contemporary touch that contrasts nicely with the Empire style lights.

« Qui regarde au fond
de Paris a le vertige.
Rien de plus fantasque,
rien de plus tragique,
rien de plus superbe. »

Victor Hugo (1808-1885)

*"Whoever contemplates the depths
of Paris is seized with vertigo.
There is nothing more fantastic,
nothing more tragic,
nothing more sublime."*

*Victor Hugo (1808–1885)*

Hommage à la féminité avec cette belle Aphrodite antique posée dans la suite « Charles Garnier ». This lovely classical figure of Aphrodite in the Charles Garnier Suite is a tribute to femininity.

D'un blanc immaculé, tel le tutu d'une étoile de l'Opéra interprétant *Le Lac des cygnes*, la suite « Charles Garnier » est un lieu spectaculaire. Des pièces de mobilier design éditées par Knoll, à l'image de la table ronde en marbre d'Eero Saarinen et du fauteuil en fils d'acier de Warren Platner, apportent une surprenante et originale touche de modernité à l'espace. The Charles Garnier Suite is spectacular, as spotlessly white as the tutu of a prima ballerina dancing *Swan Lake!* Modern furniture by Knoll—such as the round marble table by Eero Saarinen and the steel wire armchair by Warren Platner—add an original contemporary touch.

Depuis la chambre, le salon ou la salle de bains qui ne dérogent pas à un extrême confort, l'Opéra se dévoile à l'infini.
Pages 102–105: the supremely comfortable bedroom, living room, and bathroom all offer views of the Opéra.

## UN ESPRIT FESTIF

Depuis sa création, Le Grand Hôtel est un vaste lieu d'accueil et de réception. Les banquets de jadis ont été remplacés de nos jours par des réunions professionnelles, des événements de relations publiques et des célébrations privées, grâce à un large choix de salons modulables au décor soigné et à l'ambiance souvent feutrée. À l'exemple de celle du piano-bar de l'hôtel, au charme très British. Cette allusion à nos voisins d'outre-Manche rappelle un épisode savoureux qui eut lieu au bar à la fin des années 1860. C'est ici, en effet, que le journaliste britannique Henry Morton Stanley fut recruté par James Gordon Bennett Jr. alors à la tête du *New York Herald*. Toujours en quête de scoops, Bennett demanda à Stanley de retrouver le fameux docteur David Livingston, missionnaire et explorateur écossais disparu en Afrique depuis 1866. Un défi que Stanley releva avec succès.

## A FESTIVE SPIRIT

Since its creation, Le Grand Hôtel has provided an immense venue for receptions and special events. The banquets of earlier days have now been replaced by professional meetings, public relations events, and private celebrations, thanks to a large selection of exquisitely designed modular rooms often with plush, discreet ambiences. Like the décor of the hotel's piano bar, with its relaxed British charm. This allusion to our neighbors across the Channel brings to mind a charming episode that took place at the bar in the late 1860s. It was here that the British journalist Henry Morton Stanley was recruited by James Gordon Bennet Jr., then publisher of the *New York Herald*. Always looking for a scoop, Bennet asked Stanley to find the famous Dr. David Livingston, a Scottish missionary and explorer who had been missing in Africa since 1866—a challenge Stanley successfully met.

Banquette capitonnée, fauteuil en cuir bordé de clous de tapissier, barre en laiton… dans l'intimité cossue du bar du Grand Hôtel.
A padded banquette, a studded leather armchair, a brass bar… the plush intimacy of the bar at Le Grand Hôtel.

# Ines de la Fressange

Créatrice et icône de la mode française
*Designer and French fashion icon*

À l'adolescence, Le Grand Hôtel et le Café de la Paix m'évoquaient la littérature du XIXe siècle, les romans de Maupassant, le quartier haussmannien de l'Opéra… Puis, lorsque je suis devenue mannequin, je me suis familiarisée avec les lieux à l'occasion de nombreux défilés.
Aujourd'hui, je continue de fréquenter le Café de la Paix, notamment lors des « Petits déjeuners du cœur » en soutien à l'association Mécénat chirurgie cardiaque dont je suis la marraine. Le Café de la Paix est accueillant, généreux, il a su conserver son âme et son décor. Je voudrais qu'il soit encore plus parisien, car j'aime beaucoup l'idée du cliché aux yeux des visiteurs étrangers par exemple. Un jour, j'y ai vu le bel acteur américain Sam Shepard. Aussi intimidée qu'une midinette, j'ai été incapable de lui exprimer mon admiration !

When I was a teenager, Le Grand Hôtel and the Café de la Paix conjured up nineteenth-century literature for me, the novels of Maupassant, the Haussmannian area around the Opéra. Then, when I became a model, I got to know the venue during many fashion shows.

I still go to the Café de la Paix often, notably during the "Petits déjeuners du cœur" in support of the Mécénat Chirurgie Cardiaque association, for which I am a sponsor. The Café de la Paix is welcoming, generous; its soul and décor have remained intact. I would like it to be even more Parisian, because I love the idea of the cliché, for foreign visitors for example. One day, I saw the handsome American actor Sam Shepard there. I was as tongue-tied as a schoolgirl; I wasn't able to tell him how much I admired him!

« Si vous avez eu la chance d'avoir vécu à Paris lorsque vous étiez un jeune homme, alors, où que vous alliez pour le reste de votre vie, elle reste avec vous, Paris est une fête. »
Ernest Hemingway (1899-1961)

*"If you are lucky enough to have lived in Paris as a young man, then wherever you go for the rest of your life, it stays with you, for Paris is a moveable feast."*
*Ernest Hemingway (1899–1961)*

Au fil du temps, le bar du Grand Hôtel est parvenu à conserver son esprit de convivialité tout en s'adaptant au goût du jour. The bar at Le Grand Hôtel has adapted to changing fashions over the years, while preserving its friendly atmosphere.

Habillé de chaleureuses boiseries en acajou, le piano-bar possède le chic immuable et exclusif d'un club anglais. The warm mahogany paneling in the piano bar gives it the timeless, exclusive elegance of a British gentleman's club.

Lumière tamisée, canapés capitonnés, fauteuils en cuir, lambris de bois sombre, le confort du bar est en tout cas optimal pour savourer un original Dry Martini. Ce cocktail à base de gin Tanqueray, de vermouth Noilly-Prat et de bitter orange fut composé en 1904 par Franck Newman, alors chef du bar du Grand Hôtel, en hommage à une habituée des lieux qui fut aussi une aventurière de la vie : Sarah Bernhardt.

À l'image des chambres et des suites, les salons du Grand Hôtel font donc l'objet de constants travaux de rénovation et de modernisation, sans que cela ne vienne troubler la quiétude des clients. Ainsi, juste au-dessus de la grande verrière, le club lounge a récemment vu le jour à l'emplacement d'un ancien salon et d'une chambre. Aménagé autour d'une cuisine familiale et conviviale, c'est un lieu de rassemblement généreux, aux tonalités grèges et dorées dans l'esprit des suites voisines. Rattachées comme partout ailleurs au passé historique du Grand Hôtel et à ses racines parisiennes, des œuvres picturales offrent une déambulation dans les jardins de la capitale en compagnie de l'impératrice Eugénie.

Soft light, padded sofas, leather chairs, dark wood paneling: the comfortable bar is the perfect place to enjoy an original Dry Martini. Franck Newman, then head barman at Le Grand Hôtel, invented this Tanqueray gin, Noilly-Prat vermouth, and bitter orange cocktail in 1904 as a tribute to one of the regular guests and an adventuress in her own right: Sarah Bernhardt.

Just like the rooms and suites, the meeting rooms in Le Grand Hôtel are regularly renovated and modernized, all without disrupting the peace and quiet of the clients. Right above the large glass ceiling, for example, the Club Lounge recently opened, occupying the space of a former meeting room and a guest room. Designed around a friendly, family-style kitchen, it is an ample meeting area, decked out in gold and grège colors, like the nearby suites. Paintings referencing the historic past of Le Grand Hôtel and its Parisian origins present a vision of the capital's gardens, in the company of Empress Eugénie.

Entre le salon-bibliothèque et le cabinet de curiosités, mêlant les objets et les époques, le club lounge a été aménagé à la manière d'un appartement d'esthète parisien. The Club Lounge was furnished like the apartment of a Parisian aesthete, with a variety of objects from different eras. The result is part library-living room, part cabinet of curiosities.

Paris

# Jean Todt

Président de la Fédération internationale de l'automobile
*President of the Fédération Internationale de l'Automobile*

Depuis plus d'une dizaine d'années désormais, Le Grand Hôtel est pour moi un lieu de fidélité et d'amitié. Voyageant beaucoup en raison de mes fonctions, j'aime me sentir chez moi dans un hôtel... Et c'est exactement ce que je ressens au Grand Hôtel. Il reste intime malgré sa grande capacité d'accueil. Le Café de la Paix possède les mêmes qualités, avec un écailler d'exception !

For more than ten years now, I have been a regular at Le Grand Hôtel, a friendly place. As I travel a lot for my work, I like to feel at home in a hotel. And that's exactly how I feel at Le Grand Hôtel! It is intimate despite its large size. The Café de la Paix has the same qualities, with an exceptional oyster shucker!

# Philippe Lesigne

Chef concierge du Grand Hôtel
*Chief concierge at Le Grand Hôtel*

Officiant dans l'établissement depuis près de trente ans, je ne m'étonne plus de rien. Je dois être à la fois diplomate et magicien, capable de récupérer des places pour un match de football dans un centre de tri en grève, ou bien de trouver au pied levé un chiot bouledogue français né d'une lignée de champions et spécifiquement noir et blanc !
Je vis le quotidien du Grand Hôtel tout en constatant les changements liés à l'époque. J'ai connu, par exemple, des résidents à l'année installés dans leurs meubles, ce qui ne se fait plus. Autres témoignages d'évolution sociétale : il y a de plus en plus de clientes femmes d'affaires et le métier de la conciergerie s'est aussi féminisé. Pour preuve mon adjointe !

I have presided over the establishment for nearly thirty years, so nothing surprises me anymore. I have to be both a diplomat and a magician, able to find tickets for a soccer game in an on-strike sorting center, or else on a moment's notice find a French bulldog puppy—specifically black and white—from a bloodline of champions!

I follow the daily workings of Le Grand Hôtel, while also noticing the changes due to our times. For example, I knew people who lived here year-round, with their own furniture, something that no longer happens. And other signs of change, too: over the years we have welcomed a growing number of female business clients and more women have joined our concierge staff—including my deputy.

# LE GRAND HÔTEL

*& les femmes*

*Le Grand Hôtel and women*

# LEÇONS DE MODE
*Fashion forward*

## UN PARFUM D'ÉLÉGANCE

Le 5 mai 1862, Le Grand Hôtel entre dans l'histoire. Il a rendez-vous avec la première dame des Français, l'impératrice Eugénie, venue l'inaugurer au bras de son heureux commanditaire, Émile Pereire. À leur suite, un aréopage de dames de compagnie et de figures de la haute société parisienne vêtues à la dernière mode ; un véritable défilé de robes à tournure, crinoline ou faux-cul, griffées pour certaines du couturier du moment, Charles Frederick Worth. Depuis 1858, ce dernier est d'ailleurs installé non loin de l'hôtel, au 7, rue de la Paix. Il a les faveurs de nombreuses têtes couronnées, de la princesse Mathilde – cousine germaine de Napoléon III, dont le salon littéraire rue de Courcelles est un passage obligé – à l'impératrice d'Autriche – sublime Sissi immortalisée en 1865 dans une vaporeuse robe de gala blanche par le portraitiste du gotha européen, Franz Xaver Winthalter. Des mètres de moire, de taffetas, de mousseline, de tulle et de dentelle tourbillonnants et ondoyants répandent ce jour-là dans les salons du Grand Hôtel les senteurs des parfums du moment, composés par Ed. Pinaud, Houbigant ou Molinard, sans oublier Guerlain, consacré « Parfumeur breveté de Sa Majesté » depuis 1853, après avoir composé en hommage à la souveraine, l'Eau de Cologne impériale, aux notes fraîches de bergamote, citron, romarin et fleur d'oranger. Autant d'essences méditerranéennes rappelant les origines espagnoles d'Eugénie de Montijo. Autre création associée : le désormais célèbre flacon en verre dont les motifs en relief, inspirés des tuiles du dôme de la colonne Vendôme érigée par Napoléon I$^{er}$, représentent 69 abeilles – autre symbole impérial – dorées à l'or fin.

## AN ELEGANT SCENT

On May 5, 1862, Le Grand Hôtel made its grand entrance into the world, starting with a rendezvous with France's first lady, Empress Eugénie, who came to inaugurate the hotel, arm in arm with its delighted patron, Émile Pereire. In their wake strolled a flurry of ladies-in-waiting and members of Parisian high society dressed in the latest fashions; it was an impressive display of bustles and crinolines, some created by the sought-after designer of the moment, Charles Frederick Worth. Since 1858, the couturier's shop had been nearby, at 7 rue de la Paix. He was a favorite among many royals, from Princess Mathilde—Napoleon III's first cousin, whose literary salon on rue de Courcelles was a must—to the Empress of Austria, the magnificent Sissi, immortalized in a diaphanous white ball gown by the portraitist of the European elite, Franz Xaver Winthalter, in 1865. Yards of swirling rippling moiré, taffeta, silk chiffon, tulle, and lace were on display that day in the banquet rooms of Le Grand Hôtel, wafting about in clouds of the latest fragrances, composed by Ed. Pinaud, Houbigant, Molinard, and of course, Guerlain. The latter had earned the prestigious title of "His Majesty's Official Perfumer" in 1853, after composing Eau de Cologne Impériale, in homage to the sovereign, a scent with fresh notes of bergamot, lemon, rosemary, and neroli. The Mediterranean essences all referenced Eugénie de Montijo's Spanish origins. It also featured another novel design: the now famous glass bottle with relief motifs, inspired by the tiles on the dome of the Vendôme column erected by Napoleon I, and sixty-nine hand-gilded bees—another imperial symbol.

*Eugénie de Montijo de Guzman, impératrice des Français,* tableau dont l'original peint par Franz Xaver Winterhalter en 1853 est conservé au château de Versailles. Facing page: *Eugénie de Montijo de Guzman, Empress of the French.* The original of this 1853 painting by Franz Xaver Winterhalter is held in the Château de Versailles.

## AUDACIEUSES ÉGÉRIES

Dès lors, Le Grand Hôtel est la fois acteur et spectateur de cette élégance, de ce nouveau luxe, qui reflètent si bien les changements survenus en France depuis le début du XIXe siècle. L'industrialisation, les progrès scientifiques et techniques, l'accroissement de la population urbaine, le développement des moyens de transport ont modifié la société. Et par ricochet, les mœurs, les apparences. Signe de ces évolutions, les joailliers Boucheron et Mellerio dits « Meller », par exemple, seront récompensés de plusieurs médailles d'or durant l'Exposition universelle de 1867.

La gente féminine s'émancipe, dans le sillage d'égéries qui n'ont pas froid aux yeux, telle Sarah Bernhardt. « Voix d'or » selon Victor Hugo, « reine de l'attitude et princesse du geste » d'après Edmond Rostand, la tragédienne choisit de fêter ses trente années de carrière au Grand Hôtel, le 9 décembre 1896. Pour l'occasion, chaque invité reçoit une médaille en argent gravée à son effigie par René Lalique. Son abondante chevelure bouclée y est relevée en chignon comme sur les nombreux portraits peints par son ami proche Georges Jules Victor Clairin. En 1876, l'une de ces œuvres aura les honneurs des critiques d'art, notamment du poète Théodore Véron : « Le portrait de Mme Sarah Bernhardt est assurément une des œuvres les plus saillantes du Salon, tant par l'originalité de la composition que par la splendeur du coloris [...].

## INTREPID MUSES

From then on, Le Grand Hôtel became both a participant and spectator in this elegance, this new luxury, which so keenly reflected the transformations that had taken place in France since the early nineteenth century. Industrialization, technical and scientific progress, the expanding urban population, and the development of modes of transportation had all modified society—which had, in turn, transformed its habits and appearances. A sign of these changes: the jewelers Boucheron and Mellerio dits Meller, for example, were awarded several gold medals at the 1867 Universal Exposition.

Women were gaining more freedom, following the example of intrepid muses like Sarah Bernhardt. The tragic actress, a "golden voice," according to Victor Hugo, a "queen of attitude and princess of gesture," in the words of Edmond Rostand, decided to celebrate the thirty years of her acting career at Le Grand Hôtel, on December 9, 1896. Each guest received a silver medal featuring her engraved image, made by René Lalique. Her luxuriant curly hair was pulled back into a chignon, as in the many portraits painted by her close friend Georges Jules Victor Clairin. In 1876, one of these works received notice from art critics, notably the poet Théodore Véron: "The portrait of Mme Sarah Bernhardt is decidedly one of the most striking works in the Salon, both for the originality of the composition and for the splendor of its colors....

Photographiée par Eugène Disderi, la tragédienne Sarah Bernhardt était une habituée du Grand Hôtel (ci-contre). Telle une diva dans sa robe de satin blanc, elle accueille (page 120) les visiteurs dans le hall du Grand Hôtel. L'original du portrait, signé de Georges Clairin, daté de 1876, est conservé au Petit Palais. Facing page: photographed by Eugène Disderi, the tragic actress Sarah Bernhardt was a regular guest at Le Grand Hôtel. Page 120: diva-like in her white satin gown, she greets visitors in the lobby of Le Grand Hôtel. The original of this 1876 portrait by Georges Clairin is held in the Petit Palais.

Couvert d'une somptueuse coupole, le salon « Opéra » a été imaginé comme une véritable œuvre d'art, démonstration sublime du style Napoléon III, vitrine du Second Empire qui voit naître la grande hôtellerie parisienne. Pages 126–129: the Opéra room, topped with a splendid dome, was designed as a true work of art—a sublime illustration of the Napoleon III style and a showcase for the Second Empire, when the grand hotels of Paris came into being.

M. Clairin nous la représente enveloppée dans un long peignoir de satin blanc à queue traînante, elle est étendue sur un riche divan de satin rosé, et accoudée sur un coussin de même étoffe chamarrée d'or ; à sa droite et dans le fond de cet appartement tout oriental, est une glace de Venise entourée de rideaux de velours violet ; à sa gauche une plante tropicale abaisse ses larges feuilles vertes sur l'actrice et sculpteur en méditation ; à ses pieds, un lévrier jaune de grande race repose sur ses longues pattes et allonge sa tête fière et aristocratique. » Aujourd'hui encore, dans le lobby, c'est un portrait de Sarah Bernhardt qui accueille les visiteurs près des ascenseurs. En revanche, il ne reste aucune trace de la sulfureuse Mata Hari, qui logea au Grand Hôtel durant la Première Guerre mondiale, agent de renseignement matricule H21 à la solde de l'Allemagne et surveillée de près par la Sureté française !

M. Clairin has portrayed her for us swathed in a long white satin peignoir and a long train, reclining on a lavish pink satin sofa, propped up on a cushion of the same fabric embellished with gold; on the right and in the background of this Oriental-style apartment is a Venetian mirror surrounded by violet velvet drapes; to the left, a tropical plant with large green leaves drooping over the actress; at her feet, a yellow pedigree greyhound rests its long legs and stretches out its proud, aristocratic head." To this day, visitors are greeted by a portrait of Sarah Bernhardt, displayed near the elevators. Yet no trace remains of the fiery Mata Hari, who stayed at Le Grand Hôtel during World War I—a spy, known under the identifier H21, who worked for Germany and was closely monitored by the French police.

## L'ANTICHAMBRE DE LA HAUTE COUTURE

Depuis le Second Empire, Le Grand Hôtel est l'allié de la coquetterie féminine et de l'élégance parisienne. Au bras de dandys en jaquette, cravate à plastron et œillet à la boutonnière, les clientes et résidentes redoublent d'effort et de style. La mode vient à elles pour des essayages en chambre. Au fil des années se succèdent les couturiers en vogue : Jeanne Paquin, Jacques Doucet, Paul Poiret, Lucien Lelong, Madeleine Vionnet, les chapeliers Lewis de Paris ou Motsch, les bottiers Vaginay Nicklich ou Massaro… pour ne citer qu'eux. Puis, la mode est emportée par le flot de la mondialisation et devient un sujet médiatique. Au moment des présentations saisonnières des collections, d'autres couturiers font le choix de défiler au Grand Hôtel, tels Valentino, Balmain, Christian Dior, Christian Lacroix ou Nina Ricci. Ils investissent la pièce la plus spectaculaire du Grand Hôtel, la salle de bal, de forme semi-circulaire et coiffée d'une somptueuse coupole vitrée dont les dimensions impressionnantes (largeur de trente mètres, hauteur de trois étages) mettent en valeur la richesse des décors. Œuvres du sculpteur Aimé Millet, quarante-huit cariatides à l'effigie de musiciennes soutiennent la voûte ; elles veillent ainsi que des sentinelles, mises en lumière par d'opulents lustres à pampilles de cristal. Fidèle parmi les fidèles, Vivienne Westwood, l'enfant terrible de la mode britannique, a maintes fois chahuté ce décor patrimonial en enflammant le *catwalk* de ses silhouettes fantasques ! Au printemps 1994, son show « Café Society » est resté dans les annales. À la même période, le réalisateur américain Robert Altman pose ses caméras dans l'hôtel afin de tourner quelques scènes de son film *Prêt-à-porter*. Et un an plus tard, Hubert de Givenchy y présente le dernier défilé de sa prodigieuse carrière.

## HAUTE COUTURE'S ANTECHAMBER

Since the Second Empire, Le Grand Hôtel has been an accomplice to Parisian elegance and coquetry. Female guests and residents, on the arms of dandies in morning coats with bow ties and carnations on their lapels, outdid each other in fashion and style statements. Dressmakers came to their rooms for fittings. Over the years, there was a succession of the most sought-after couturiers: Jeanne Paquin, Jacques Doucet, Paul Poiret, Lucien Lelong, Madeleine Vionnet, the milliners Lewis de Paris and Motsch, and the bootmakers Vaginay Nicklich and Massaro, to mention just a few. Fashion then became caught up in the tide of globalization, becoming a newsworthy topic. When presenting their seasonal collections, other couturiers, including Valentino, Balmain, Christian Dior, Christian Lacroix, and Nina Ricci chose to hold their fashion shows at Le Grand Hôtel. They used the hotel's most spectacular room, the semicircular ballroom with a magnificent glass dome, 100 feet (30 meters) wide and three stories high, showcasing its lavish décor. Sculpted by Aimé Miller, forty-eight caryatids depicting musicians support the roof; they keep watch as sentinels, illuminated by opulent crystal chandeliers. One of its most loyal supporters, Vivienne Westwood, the enfant terrible of British fashion, turned this prestigious décor upside down many times as she lit up the catwalk with her wild designs. Her Spring 1994 show, "Café Society," was one for the history books. Around the same time, the American director Robert Altman set up his cameras in the hotel to capture a few scenes for his film *Ready to Wear*. The following year, Hubert de Givenchy presented the final fashion show of his prodigious career at the hotel.

# Andreas Kronthaler & Vivienne Westwood

Créateurs de mode britannique et autrichien
*British and Austrian fashion designers*

Nous avons organisé tellement de défilés au Grand Hôtel de Paris que nous avons intitulé notre collection automne-hiver 1992 « Grand Hotel ».
Ce palace est un point de repère dans Paris, une institution ! Le jardin d'hiver du Grand Hôtel est l'endroit idéal où s'asseoir pour observer les Parisiens et les Parisiennes, surtout quand il pleut sur la place de l'Opéra et que tout le monde s'y précipite.

We have done so many shows at Le Grand Hôtel de Paris—we even titled our Autumn-Winter 1992 collection "Grand Hotel". It's a landmark of Paris, an institution!

The foyer of Le Grand Hôtel is the best place to sit and watch people in Paris, especially when it rains on the place de l'Opéra and everyone pours in.

« Vous pouvez créer de la mode partout dans le monde, mais l'endroit où vous êtes couronné est Paris. »

Sonia Rykiel (1930-2016)

*"You can create fashion all over the world, but the place where you are crowned is Paris."*

*Sonia Rykiel (1930–2016)*

Le Grand Hôtel accueille depuis toujours les créateurs au cœur de Paris, capitale des arts et de la haute couture, notamment ici Line Renaud (ci-contre, en bas) et Jeanne Moreau (ci-dessus, en haut). Également (ci-dessus), Christian Lacroix, parmi ses mannequins, concluant l'un de ses défilés. Le Grand Hôtel has always welcomed creators in the heart of Paris, the art and fashion capital, including Line Renaud (facing page, bottom), Jeanne Moreau (above, top), and Christian Lacroix, with his models at the end of a show (above, bottom).

Dès sa conception, Le Grand Hôtel a été pensé comme un lieu de fêtes, de bals et de réceptions célébrant l'art de vivre français. Ici, brillant de mille feux, le salon « Opéra » attend les convives du dîner. Pages 134–137: from the start, Le Grand Hôtel was intended as a venue for receptions, balls, and festivities in celebration of the French *art de vivre*. Here, the dazzling Opéra room awaits the evening's dinner guests.

GABRIELLE CHANEL
MANIFESTE DE MODE

## UN LIEU DE PARTAGE

Le Grand Hôtel accueille la mode, mais il est aussi un lieu à la mode, un lieu de réunion et de mondanités, au climat décontracté et bon enfant, comme chaque mois de juin lors du rituel déjeuner « Pères et Filles » réunissant au Café de la Paix des personnalités du monde des affaires et des arts au bras de leurs filles. Derrière ses façades sagement ordonnancées, l'établissement tout entier célèbre ainsi la vie et déborde de projets. Il doit cette énergie à un homme chaleureux et charismatique, Christophe Laure, qui dirige Le Grand Hôtel et le Café de la Paix depuis plus de dix ans. « J'ai une longue histoire avec cet hôtel que j'ai découvert en 1982 dans le cadre d'une mission, puis en 2002 en tant que directeur des opérations. De retour à la tête de l'établissement en 2010, je ne l'ai plus quitté ! C'est un lieu inspirant. » Et engagé : à son initiative, Le Grand Hôtel épaule l'association Mécénat chirurgie cardiaque, créée en 1996 par une femme d'exception, la professeure Francine Leca. Grâce aux actions menées, dont le mémorable « Gala du cœur » en 2019, en présence de la célèbre pianiste Khatia Buniatishvili, l'association a pu opérer en France près de soixante enfants atteints de malformations cardiaques. Marraine de l'association, Ines de la Fressange souligne combien toutes les équipes du Grand Hôtel « jouent généreusement le jeu ».

## A SPACE FOR SHARING

Le Grand Hôtel is home to fashion, but it is also a fashionable place, a meeting place, a hub for high society, with a friendly, relaxed feel—as in June, for example, for the ritual "Father/Daughter" lunch at the Café de la Paix, which brings together business leaders and celebrities accompanied by their daughters. Behind the elegant façades, the establishment celebrates life with great enthusiasm and brims with new projects. This energy is fueled by an amiable, charismatic man, Christophe Laure, who has run Le Grand Hôtel and the Café de la Paix for more than ten years. "I have a long history with the hotel, which I discovered in 1982 during an assignment, then in 2002, when I worked as Head of Operations. I came back as General Manager in 2010, and I never left! It is an inspiring place." And a committed one: on his initiative, Le Grand Hôtel became a supporter of the Mécénat Chirurgie Cardiaque association created in 1996 by an exceptional woman, Professor Francine Leca. Thanks to their efforts, including the memorable Gala du Cœur, held in 2019, with a guest appearance by the famous pianist Khatia Buniatishvili, the association was able to facilitate surgeries in France for nearly sixty children suffering from cardiac malformations. Ines de la Fressange, the association's sponsor, emphasizes just how much the entire staff of Le Grand Hôtel, "participated so wholeheartedly."

Pour un tête à tête dans la suite « Opéra ». For a tête-à-tête in the Opéra Suite.

Association de beige et taupe pour l'ambiance feutrée de la suite « Sarah Bernhardt ». Le portrait de cette reine du théâtre trône en bonne place dans le salon, immortalisée dans son rôle de Cléopâtre par l'un de ses peintres favoris et ami, Georges Clairin (page précédente). Ciselé de multiples détails, le raffinement de la suite « Sarah Bernhardt » est souligné par le seyant contraste d'un imprimé fauve. Pages 140–141: a combination of beige and taupe for a hushed ambience in the Sarah Bernhardt Suite. The living room features a portrait of the great actress as Cleopatra by her friend Georges Clairin, one of her favorite painters. Facing page: a leopard-skin print provides an attractive contrast with the finely detailed elegance of the suite.

Le Grand Hôtel veille au confort et à la qualité de sa literie, ici dans l'opulente suite « Sarah Bernhardt ». Désormais historiques, les initiales du Grand Hôtel s'enchâssent dans un rinceau. Le Grand Hôtel pays particular attention to the comfort and quality of its bedding, shown here in the opulent Sarah Bernhardt Suite. The now historic initials of Le Grand Hôtel are intertwined in a scrollwork.

Le salon de la suite « La Parisienne » se distingue par une poutre porteuse en métal, qui peut apparaître comme un prolongement de la *Dame de fer*. Aménagée à la manière d'un boudoir-dressing, cette suite offre une vue de carte postale sur la tour Eiffel. Édité par Manuel Canovas, le papier peint représentant la mode, la vie et les monuments parisiens est également intitulé « La Parisienne ». L'association du rose et du noir, et certains tissus comme sortis d'un vestiaire féminin, renforcent l'allusion à la couture (pages suivantes).

Pages 146–149: the living room in the Parisienne Suite is characterized by a load-bearing metal girder that looks rather like an extension of the Eiffel Tower. This suite, furnished like a boudoir-dressing room, enjoys a picture-postcard view of the Iron Lady. The "Parisienne" wallpaper, by Manuel Canovas, depicts the fashions, lifestyle, and monuments of Paris. The fashion reference is heightened by the pink and black color scheme and the kind of fabrics found in an elegant woman's wardrobe.

Tel un spacieux pied-à-terre moderne aménagé en duplex sous les toits de Paris, la suite « Eugénie » se flatte d'un climat particulièrement cosy. The duplex Eugénie Suite has a particularly cozy feel, like a spacious, modern pied-à-terre under the rooftops of Paris.

Belle enfilade dans la suite « Opéra », où les jeux de miroir révèlent une séduisante sobriété des lignes et du décor. Mirrors reflect the simple elegance of line and decoration in the attractive series of rooms that make up the Opéra Suite.

« Poésie et musique sont
les suprêmes, délices des choses.
Elles sont le bouquet
de toutes les connaissances. »

Georges Clemenceau (1841-1929)

"Poety and music are supreme,
the delights of things.
They are the bouquet
of all knowledge."

Georges Clemenceau (1841–1929)

Céramiques et textiles vert céladon pour un règne de douceur dans la suite « Opéra ». Ceramics and celadon green fabrics give the Opéra Suite its signature softness.

La suite royale présente beaucoup de caractère. Avec audace, le rouge assure le lien entre le mobilier classique et les œuvres d'art contemporain (pages précédentes). Mais c'est pour sa salle de bains à la vue imprenable que cette suite est réputée. La tête de lit en miroir jusqu'au plafond se retrouve dans de nombreuses suites du Grand Hôtel, prolongeant l'espace des chambres et capturant la lumière du jour.

Pages 156–159: the Royal Suite has plenty of character, with touches of bold red that create a link between the classic furniture and the contemporary artworks. The suite is best known for the amazing view from its bathroom. The ceiling-high mirrored headboard—a feature of many of the suites at Le Grand Hôtel—captures the daylight and gives the rooms an extra spacious feel.

# Francine Leca

Professeure de médecine spécialisée en chirurgie cardiaque
et fondatrice de l'association Mécénat chirurgie cardiaque

*Professor and cardiac surgeon,
and founder of the Mécénat Chirurgie Cardiaque association*

Depuis plus de dix ans, Le Grand Hôtel soutient notre association, dont le but est de faire venir en France pour les opérer des enfants atteints de malformations cardiaques qui ne peuvent bénéficier dans leur pays des soins adaptés pour des raisons techniques et financières. L'investissement de son directeur général, Christophe Laure, et des équipes est remarquable, tout comme celui de notre marraine, Ines de la Fressange. Les événements organisés, des petits déjeuners aux soirées de prestige, apportent un véritable soutien financier à Mécénat chirurgie cardiaque. La chirurgie cardiaque est une « chirurgie miracle » et Le Grand Hôtel participe à ce miracle.

Le Grand Hôtel has supported our association for more than ten years; our mission is to bring children to France who are suffering from cardiac malformations that cannot be treated in their own countries due to a lack of technical and financial resources, and to operate on them here. The commitment of General Manager Christophe Laure and his staff has been remarkable, as has been that of our sponsor, Ines de la Fressange. The events, from small lunches to prestigious galas, have provided considerable financial support for Mécénat Chirurgie Cardiaque Enfants du Monde. Cardiac surgery is a "miracle surgery," and Le Grand Hôtel is a part of that miracle.

# Agnès Costa

Présidente de Fragonard Parfumeur
*President of Fragonard Parfumeur*

Mes premiers souvenirs du Grand Hôtel remontent au début des années 1990 et à mes premiers déjeuners professionnels organisés soit sous la grande verrière, soit au bar anglais. J'apprécie ces deux endroits pour leur confort, l'espace entre les tables et, de ce fait, leur discrétion. Depuis mes bureaux, je n'ai qu'à traverser la rue Scribe pour m'y rendre... J'ai d'ailleurs la sensation de passer naturellement du musée du Parfum Fragonard au Grand Hôtel sans changer d'époque ! Ils ont le même esprit parisien et intemporel.

My first memories of Le Grand Hôtel go back to the early 1990s and my first business lunches that took place either under the large glass roof or at the English bar. I like both places; they are comfortable and there is a lot of space between tables, which provides discretion. From my office, I just have to cross rue Scribe to get there. It feels natural to move from the Musée du Parfum Fragonard to Le Grand Hôtel, all while staying in the same era. They share the same timeless, Parisian spirit.

# LE CAFÉ DE LA PAIX

*The Café de la Paix*

# AU PANTHÉON DE LA GOURMANDISE

*The ultimate in French cuisine*

## UNE VIE DE ROMAN

Depuis son lever de rideau, Le Grand Hôtel est à la fois protecteur et spectateur des arts. C'est inscrit dans ses gènes, à l'image d'un esthète éduqué dans un milieu éclairé. L'établissement a été rêvé et conçu comme un lieu d'ouverture et de partage. Au rez-de-chaussée, stratégiquement situé à l'angle du boulevard des Capucines et de la place de l'Opéra, le Café de la Paix en est la formidable figure de proue. Il a vu défiler au fil des ans les plus grands intellectuels, artistes et écrivains : Guy de Maupassant ; Victor Hugo ; Émile Zola, dont l'héroïne romanesque Nana passera de vie à trépas quelques étages plus haut dans une chambre du Grand Hôtel ; Oscar Wilde, qui établit son pied-à-terre parisien non loin au 29, boulevard des Capucines ; Arthur Conan Doyle, dont le héros Sherlock Holmes y retrouve son fameux acolyte, le docteur Watson ; Alphonse Daudet ; les frères Goncourt, qui remettront leur premier prix littéraire en 1903 dans un salon du Grand Hôtel, avant de s'établir chez Drouant ; Ernest Hemingway, qui mentionne l'endroit dans son roman *Le soleil se lève aussi*, paru en 1926 ; François Mauriac, dont la Thérèse Desqueyroux, assise en terrasse par « un matin chaud de mars », n'avouera jamais sa tentative d'empoisonnement à son mari Bernard ; ou bien encore Serge Lifar, lorsqu'il était maître de ballet à l'Opéra de Paris. Tous se mêlent à la clientèle d'anonymes, française et internationale.

## LIKE A NOVEL

From the very start, Le Grand Hôtel has been both a patron and a keen spectator of the arts. They are in its genes, like an aesthete brought up in an enlightened environment. The establishment was conceived and designed to be a welcoming, open venue. The Café de la Paix on the ground floor, strategically located on the corner of the boulevard des Capucines and the place de l'Opéra, is a tremendous flagship. Over the years, it has hosted the greatest intellectuals, artists, and writers: Guy de Maupassant; Victor Hugo; Émile Zola, whose fictional heroine Nana passed away in a room on one of the upper floors of Le Grand Hôtel; Oscar Wilde, whose Parisian pied-à-terre was nearby, at 29 boulevard des Capucines; Arthur Conan Doyle, whose hero Sherlock Holmes met up with his famous acolyte, Doctor Watson, here; Alphonse Daudet; the Goncourt brothers, who awarded their first literary prize in 1903 in a banquet room at Le Grand Hôtel, before moving to Drouant; Ernest Hemingway, who mentioned the spot in his novel, *The Sun Also Rises*, published in 1926; François Mauriac, whose character Thérèse Desqueyroux, seated at the terrace "on a hot day in March," would never admit to trying to poison her husband, Bernard; and Serge Lifar, when he was the ballet master at the Opéra de Paris. Everyone blended in with the anonymous international and french clientele.

L'esprit brasserie de toujours, dans le cadre historique du Café de la Paix. The brasserie spirit still reigns in the historical setting of the Café de la Paix.

CAFÉ de la PAIX

Le Café de la Paix aux premières loges des soubresauts de l'histoire avec des officiers russes, américains et britanniques attablés en 1917 (en haut à gauche), tandis que le défilé du 14 juillet 1916 passe devant sa terrasse (en bas) ou face au calme relatif de l'entre-deux-guerres (ci-dessus en 1928). The Café de la Paix has witnessed many historic events. Facing page, top: Russian, American, and British officers at the café tables in 1917. Facing page, bottom: the parade of July 14, 1916 passes in front of the terrace. Above: in 1928, during the relative calm of the interwar period.

« Sous le ciel de Paris
S'envole une chanson
Elle est née d'aujourd'hui
Dans le cœur d'un garçon
Sous le ciel de Paris
Marchent des amoureux »

chante Édith Piaf (1915-1963)

"Beneath the Parisian sky
A song flutters away
It was born today
In a young man's heart
Beneath the Parisian sky
Lovers stroll,"

sang Édith Piaf (1915–1963)

la paix
café de la paix café de la paix

ACADEMIE NATIONALE DE MUSIQUE
POESIE LYRIQUE
ENTREE DES VISITES
VISITORS' ENTRANCE
ENTRADA PARA VISITAS
BILLETTERIE
TICKET OFFICE
TAQUILLA
CAFÉ
PAIX

Club sandwich revisité et frites croustillantes pour un déjeuner sur le pouce, en contemplant l'Opéra. A new-style club sandwich and crispy French fries for a lunch-time snack facing the Opéra.

qualité, tradition, élégance
LE RESTAURANT DU Café de la Paix
Celebrate your visit go CHAMPAGNE all the way
BOOKING OFFICE
AFTONBLADET
möbleras om

## PLACE EN TERRASSE

Des discussions s'improvisent et s'éternisent en plusieurs langues autour de la pluie et du beau temps, de la politique et des colifichets. D'autant qu'en terrasse, l'éclairage nocturne permet d'étirer les soirées agréables. Quelques décennies plus tard, le Café de la Paix sera aussi le théâtre d'un rendez-vous manqué, comme le relate Ingrid Méchoulam, dernière compagne de Françoise Sagan : « John le Carré restera son grand regret. Ils avaient rendez-vous au Café de la Paix, mais faute de se reconnaître, ils se sont ratés, comme dans un livre de Françoise. » À la fois si proche et si lointaine, c'était alors une époque sans téléphone portable dont se remémore Martine Besnard, qui fut cheffe de rang au Café de la Paix durant trente-deux ans. Le jour de sa prise de poste, elle vit l'acteur Charles Vanel – inoubliable dur à cuire dans *Le Salaire de la peur* d'Henri-Georges Clouzot – faire un malaise en buvant une coupe de champagne.

## SEATED AT THE TERRACE

Leisurely, impromptu conversations took place in multiple languages, ranging from small talk to politics. Especially as the night lighting on the terrace made it possible to prolong the pleasant evenings. Several decades later, the Café de la Paix was also the scene of a missed rendezvous, as told by Ingrid Méchoulam, Françoise Sagan's last companion: "John le Carré was her great regret. They were supposed to meet at the Café de la Paix, but because they didn't recognize each other, they didn't meet—a scene that could have come from one of Françoise's books." Although it was not so long ago, it seems an eternity, because no one had cell phones at the time, recalls Martine Besnard, head waitress at the Café de la Paix for thirty-two years. On her first day at the job, she saw the actor Charles Vanel—who was unforgettable as the tough guy in Henri-Georges Clouzot's *The Wages of Fear*—faint while drinking a glass of champagne.

Une clientèle très cosmopolite fréquente le Café de la Paix depuis longtemps, comme l'évoque cet homme lisant un journal suédois.
This gentleman reading a Swedish newspaper is a reminder that the Café de la Paix has always attracted a cosmopolitan clientele.

LE CAFÉ DE LA PAIX

*The Café de la Paix*

The Man Who Mastered French in Ten Years at Fifteen Minutes a Day Visits Paris

Le Café de la Paix est une étape obligée pour les Américains, ainsi que le montre ce dessin humoristique paru dans le magazine *Life* en 1928 (à gauche). Un air de printemps, une terrasse bondée… Pleins de style avec leurs longs tabliers blancs, les serveurs du Café de la Paix ont fort à faire. Facing page, bottom right: the Café de la Paix has long been a must-go for Americans in Paris, as illustrated by this caricature published in *Life* magazine in 1928. Above: when spring is in the air, the terrace gets crowded at the Café de la Paix. The stylish waiters with their long white aprons are always busy.

PAMPAM

Venue d'outre-Atlantique, la mode des snacks a aussi gagné le Café de la Paix qui a, un temps, hébergé le Pam Pam.
The American trend for snacking reached the Café de la Paix, home for a time to a Pam Pam snack bar.

CAFÉ
de la
PAIX

Sur les vitres, les serviettes ou autres, le Café de la Paix est une marque devenue reconnaissable et reconnue. Un souvenir de Paris… Café de la Paix is a distinctive and distinguished brand name on the windows, napkins, etc. A souvenir of Paris…

« Paris est la capitale
des divines tentations. »

Zoé Valdés

*"Paris is the capital
of divine temptations."*

*Zoé Valdés*

D'élégants velums ombragent la salle à manger qui donne sur le boulevard.
Elegant awnings shade the dining room that gives onto the boulevard.

Au fil du temps, des liens étroits se tissent avec les habitués, qu'ils soient célèbres, comme le danseur étoile Patrick Dupond, ou inconnus, comme cette dame de compagnie qui ramenait consciencieusement les objets des larcins de son employeuse cleptomane ! Martine Besnard évoque aussi, tour à tour, l'un des derniers danseurs et ami de Mistinguett, André Vernon, qui lui offrit des plumes et des aigrettes ayant appartenu à la chanteuse, l'acteur Roger Hanin, invité surprise d'une fête du personnel au Bataclan, ou bien encore le président Bill Clinton, dont elle fut la seule employée du Grand Hôtel à obtenir un autographe par l'entremise d'un *bodyguard* accommodant. Enfin en 2008, « souvenir magnifique », la cheffe de rang joua une figurante dans le film de Francis Huster, *Un homme et son chien*, au côté de Jean-Paul Belmondo, « si gentil, si respectueux ».

Tapis rouge pour le 7e Art, effectivement, dont les toutes premières projections organisées par le cinéaste Eugène Pirou en 1896 eurent lieu dans les sous-sols du Café de la Paix. Mais le 8e Art n'est pas en reste avec, en juin 1948, « This is Paris », la première émission radiophonique en direct à destination des États-Unis. Enregistrée au Café de la Paix, elle réunissait ce jour-là Maurice Chevalier, Henri Salvador et Yves Montand.

Over time, relationships grew among the regulars, whether they were famous, like the lead dancer Patrick Dupond, or unknown, like the female companion who conscientiously returned the objects stolen by her kleptomaniac employer. Martine Besnard also remembers other guests: André Vernon—Mistinguett's friend and one of her last dancer "boys"—who gave her some feathers and plumes that had belonged to the singer; the actor Roger Hanin, a surprise guest at a staff party held at the Bataclan; and President Bill Clinton—she was the only Grand Hôtel employee who managed to get an autograph, thanks to an obliging bodyguard. Finally, a "magnificent memory" in 2008, when the head waitress had a role as an extra in Francis Huster's film *A Man and His Dog*, starring Jean-Paul Belmondo: "So nice, so respectful."

The red carpet has always been rolled out for the movies: the first projections organized by the filmmaker Eugène Pirou in 1896 took place in the basement of the Café de la Paix. Radio was not far behind, with *This is Paris*, in June of 1948, the first live radio broadcast destined for the United States. Recorded at the Café de la Paix, guests included Maurice Chevalier, Henri Salvador, and Yves Montand.

Une star tout simplement, sans lunettes noires : John Travolta à la terrasse du Café de la Paix en 1979. John Travolta, a star without dark glasses at the terrace of the Café de la Paix in 1979.

CAFE de la PAIX
CAFE de la PAIX
CAFE de la PAIX

Yves Montand (ci-dessus), Maurice Chevalier (en haut, à droite)... À la fin des années 1940, de nombreuses stars ont participé à l'enregistrement de « This is Paris », première émission radiophonique enregistrée en direct au Café de la Paix et à destination d'un auditoire américain. Yves Montand (above), Maurice Chevalier (facing page, top)... In the late 1940s, many stars took part in the recording of *This is Paris*, the first live radio broadcast from the Café de la Paix, for American listeners.

THIS IS PARIS
A RAYMOND R. MORGAN PRODUCTION

THIS IS PARIS

Après plusieurs mois de restauration, l'ensemble des décors peints du Café de la Paix, notamment son ciel et ses dorures, ont retrouvé leur lustre d'antan. After several months of restoration work, the painted decorations of the Café de la Paix—its painted sky and gilding in particular—have all recovered their former splendor.

Confortables banquettes capitonnées garnies de coussins, chaises médaillons en cannage, moquette épaisse, le Café de la Paix offre un généreux confort dans une atmosphère reposante et aérée, inspirée de la nature. Un cadre idéal pour déguster une assiette pleine de saveurs et de couleurs. With its comfortable padded banquettes and cushions, medallion cane back chairs and thick carpets, the Café de la Paix offers lavish comfort in a calm and spacious ambience inspired by nature. An ideal setting in which to enjoy a dish full of flavor and color.

## DES RECETTES ICONIQUES

Le tourbillon des arts égaie les heures du Café de la Paix. C'est l'un de ses secrets de jouvence, mais il en est un autre ! Depuis mai 2021, l'établissement affiche en effet une mine radieuse. Un peu comme s'il avait respiré un bon bol d'air après six mois de travaux de rénovation. L'architecte d'intérieur Pierre-Yves Rochon a su moderniser cette institution, qu'il connaît bien pour y avoir déjà œuvré à la fin des années 1990. « À l'époque, en raison de l'usure du temps combinée aux dépôts de nicotine, le Café de la Paix était devenu rose et les plafonds entièrement jaunis », se souvient-il.

Si les décors inscrits en août 1975 à l'Inventaire supplémentaire des monuments historiques (au même titre que les façades du Grand Hôtel, les toitures donnant sur le boulevard des Capucines, les rues Scribe et Auber, ainsi que le salon « Opéra ») ont été une nouvelle fois soigneusement restaurés, l'ambiance s'apparente désormais à celle d'un jardin d'hiver, en accord avec le voisinage de la fameuse verrière du Grand Hôtel. Les tons sont doux et lumineux. Ils évoquent la nature : mobilier en chêne clair cérusé, banquettes en velours vert forêt, fauteuils et chaises en cuir crème… Mêlant le bronze, l'ocre et le vert, les motifs caissons de la moquette répondent à ceux des plafonds, mais ils pourraient tout aussi bien évoquer des carrés de végétation dans un jardin de simples. Assurant la transition entre le Café de la Paix et la grande verrière, le salon « Jardin de l'Opéra » prolonge cet esprit bucolique. Sur les murs, le tissu ivoirin rappelle la paille ; au sol, le feuillage qui imprime la moquette est inspiré d'un dessin de la célèbre antiquaire et décoratrice de Saint-Germain-des-Prés, Madeleine Castaing.

## ICONIC RECIPES

The Café de la Paix was brought to life by a whirlwind artistic scene. It's one of the secrets of its youthfulness, but there's another: since May 2021, the establishment has boasted a radiant new glow, like a breath of fresh air after a six-month renovation project. The interior designer Pierre-Yves Rochon modernized this institution, one he already knew well after working there in the late 1990s. "At the time, given the wear and time of time, along with the nicotine stains, the interior of the Café de la Paix was pink, and the ceilings were yellow," he remembers.

While the interiors, listed on the supplementary inventory of the French historic monuments (as were the façades of Le Grand Hôtel, the roofs facing the boulevard des Capucines, the rues Scribe and Auber, and the Opéra room) were once again carefully restored, the overall ambience now feels more like a conservatory, in sync with Le Grand Hôtel's famous glass roof. The colors are gentle and luminous, reminiscent of nature: light wood furniture with a ceruse finish, forest green velvet banquettes, cream-colored leather chairs. The coffered motifs on the carpets, in shades of bronze, ocher, and green, reflect that of the ceiling, but they could also evoke vegetable plots in a medicinal herb garden. Creating a transition between the Café de la Paix and the large glass ceiling, the Jardin de l'Opéra room enhances this bucolic spirit. The ivory-colored fabric on the walls suggests straw; on the floor, the foliage on the carpet was inspired by a drawing by the famous Saint-Germain-des-Prés

L'éclairage de grands lampadaires sublime les panneaux peints d'essences de plantes variées qui ont, eux aussi, recouvré leur éclat initial. À toute heure, gourmets et gourmands de toutes les générations retrouvent le Café de la Paix, dont certaines recettes sont devenues iconiques, comme la soupe gratinée à l'oignon réalisée conformément à la recette originale de 1862, ou le millefeuille à la vanille assemblé à la minute.

Célébrant l'art culinaire français, les plats et les desserts évoluent au fil des saisons, tour à tour frais et légers, revigorants et festifs. Quelques touches d'impertinence sont distillées sans esbroufe, notamment avec le céleri en rémoulade à la truffe noire, la noix de Saint-Jacques marinée au citron caviar, ou la sauce Albufera liée au foie gras... Ainsi, chaque assiette offre un voyage, l'évocation d'un terroir, d'une campagne, d'un littoral.

Fier de son esprit brasserie parisienne, le Café de la Paix cultive son authenticité et sa force tranquille !

antique dealer and decorator Madeleine Castaing. Magnificent large lamps illuminate the painted panels featuring species of various plants, which have also been refurbished to their original sheen. Throughout the day, gourmets and gourmands of all ages can be found at the Café de la Paix, enjoying the now-iconic recipes—like the French onion soup, still made according to the original 1862 recipe, or the vanilla mille-feuille made to order.

It's a celebration of the French culinary arts, with main dishes and desserts that change with the seasons, by turns fresh and light, restorative and festive. With a few impertinent, unpretentious touches, notably a celery remoulade with black truffle, scallops marinated with lemon caviar, and an Albufera sauce thickened with foie gras. Each dish is a journey, representing a terroir, a country-side, a seashore.

Proud of its Parisian brasserie spirit, the Café de la Paix nurtures its authenticity and its quiet strength.

Aussi joli que délicieux, un sablé aux fraises et sa meringue à la lavande, pour se régaler en dessert ou au goûter. For dessert or afternoon tea, this strawberry concoction is as attractive as it is delicious!

Comme partout au Grand Hôtel, le décor du Café de la Paix associe les styles et les époques avec élégance et sobriété : guéridons Empire et fauteuils Directoire côtoient des appliques en bronze, des pilastres à l'antique et des tableaux de la Belle Époque (pages précédentes). Pages 196–201: like Le Grand Hôtel, the Café de la Paix is decorated in an elegant blend of styles and eras, with Empire pedestal tables, Directoire armchairs, gilt bronze wall lights, classical-style pilasters, Belle Époque paintings…

# Pierre-Yves Rochon

Architecte d'intérieur
*Interior designer*

Le Grand Hôtel et le Café de la Paix sont des personnages romanesques qui m'inspirent depuis plus de trente ans. Lorsque j'étais jeune étudiant aux Beaux-Arts, je voulais être metteur en scène. C'est ce que j'ai accompli dans ces lieux, me semble-t-il, en veillant à la fois aux volumes, à la lumière, aux circulations, à l'acoustique…

Le Grand Hôtel and the Café de la Paix are larger-than-life characters that have inspired me for more than thirty years. When I was a young student at the Beaux-Arts, I wanted to be a director. It seems to me that this is what I have achieved in these places, with a careful eye for the spaces, the light, the flow, the acoustics.

# Francis Huster

463e sociétaire de la Comédie-Française
*463rd member of the Comédie-Française*

Le Café de la Paix a été mon Versailles !
Enfant, j'habitais non loin, rue du 4-Septembre, puis au 22, avenue de l'Opéra, quand je suis entré à la Comédie-Française. Ma jeunesse et les grands événements de ma vie se sont dessinés au Café de la Paix ou sous la verrière du Grand Hôtel. J'y ai fêté mes prix de conservatoire. J'y ai donné rendez-vous à mes metteurs en scène, Nina Companeez, Pierre Dux, Claude Lelouch, Antoine Vitez, Andrzej Zulawski… Je me suis toujours senti protégé dans ces lieux, où j'ai également appris que je jouerais *Lorenzaccio* mis en scène à la Comédie-Française par Franco Zeffirelli et retransmis pour la première fois en direct à la télévision dans le monde entier.
Pendant des années, le brunch du dimanche au Grand Hôtel fut un cérémonial familial, sans oublier quelques réveillons du 31 décembre passés avec mes filles.
À proximité de l'Opéra, de la Comédie-Française, de l'Athénée, des Bouffes Parisiens, Le Grand Hôtel est un lieu habité par les fantômes d'une « académie des grands » où siègeraient Molière, Offenbach, Mahler, Ravel…

The Café de la Paix was my Versailles!

As a child, I lived nearby, on rue du Quatre-Septembre, then 22 avenue de l'Opéra, when I joined the Comédie-Française. My youth and all the major events of my life took place at the Café de la Paix or under the glass roof of Le Grand Hôtel. I celebrated my conservatory prizes there. I arranged to meet all my directors there: Nina Companeez, Pierre Dux, Claude Lelouch, Antoine Vitez, Andrzej Zulawski. I have always felt protected in this place, where I also learned that I would play Lorenzaccio at the Comédie-Française, directed by Franco Zeffirelli, and broadcast live on television around the world for the first time.

For years, Sunday brunch at Le Grand Hôtel was a family ritual, not to mention a few New Year's celebrations spent there with my daughters.

Located near the Opéra, the Comédie-Française, the Athénée, and the Bouffes Parisiens, Le Grand Hôtel is a place inhabited by the ghosts of an "academy of greats," including Molière, Offenbach, Mahler, Ravel, and more.

# BIBLIOGRAPHIE


## —— Livres

Évelyne Bloch-Dano, *Mes maisons d'écrivains. D'Aragon à Zola,* Stock, 2019.

Pascal Boissel, *Grand-Hôtel, Café de la Paix. Deux siècles de vie parisienne,* Éditions Italiques, 2004.

Dominique Labarrière, *Épopée française. Haussmann, Lesseps, Viollet-le-Duc…,* Pierre-Guillaume de Roux, 2017.

Daniel-Charles Luytens, *Les Femmes les plus scandaleuses de l'histoire,* Éditions La Boîte à Pandore, 2015.

Ingrid Méchoulam, *Sous le soleil de Sagan,* Michel Lafon, 2019.

Patrice de Moncan, *Le Paris d'Haussmann,* Les Éditions du Mécène, 2019.

Henry Morton Stanley, *Comment j'ai retrouvé Livingstone,* coll. « Babel », Actes Sud, 1999.

Théodore Véron, *Le Salon de 1876 : mémorial de l'art et des artistes de mon temps,* Hachette Livre/BnF, 2012.

Émile Zola, *Au Bonheur des Dames,* coll. « Les Classiques de Poche », Le Livre de Poche, 1971.

Émile Zola, *Nana,* coll. « Folio Classique », Gallimard, 2002.

## —— Catalogues d'expositions

« Un instant de paix au Café de la Paix », rencontre artistique picturale internationale, Paris, Le Grand Hôtel, Rouquier, 1985.

« Spectaculaire Second Empire », sous la direction de Guy Cogeval, Yves Badetz, Paul Perrin et Marie-Paule Vial, Musée d'Orsay/Skira, 2016.

## —— Sites Internet

www.bourjois.fr
www.fr.boucheron.com
www.chateaudecompiegne.fr
www.chateaudefontainebleau.fr
www.guerlain.com
www.mellerio.fr
www.paris-promeneurs.fr

## —— Thèse universitaire

Alexandre Tessier, « Le Grand Hôtel, 110 ans d'hôtellerie parisienne, 1862-1972 », thèse de doctorat en histoire sous la direction de Marc de Ferrière Le Vayer, soutenue le 24 novembre 2009 à l'université François-Rabelais de Tours.


# BIBLIOGRAPHY


## —— Books

Bloch-Dano, Évelyne. *Mes maisons d'écrivains. D'Aragon à Zola.* Paris: Stock, 2019.

Boissel, Pascal. *Grand-Hôtel, Café de la Paix. Deux siècles de vie parisienne.* Paris: Italiques, 2004.

Labarrière, Dominique. *Épopée française. Haussmann, Lesseps, Viollet-le-Duc….* Paris: Pierre-Guillaume de Roux, 2017.

Luytens, Daniel-Charles. *Les Femmes les plus scandaleuses de l'histoire.* Benoitville: La Boîte à Pandore, 2015.

Méchoulam, Ingrid. *Sous le soleil de Sagan.* Neuilly sur Seine: Michel Lafon, 2019.

De Moncan, Patrice. *Le Paris d'Haussmann.* Paris: Éditions du Mécène, 2019.

Stanley, Henry Morton. *How I Found Livingstone.* New York: Scribner, Armstrong & Co., 1872.

Véron, Théodore. *Le Salon de 1876 : Mémorial de l'art et des artistes de mon temps.* Paris: Hachette Livre/BnF, 2012.

Zola, Émile. *The Ladies' Paradise*. Translated by Brian Nelson. (Oxford: Oxford University Press, 2008).

Zola, Émile. *Nana*. Translated by Brian Nelson. (Oxford: Oxford University Press, 2020).

## —— Exhibition catalogues

*"Un instant de paix au Café de la Paix", Rencontre artistique picturale internationale.* Paris: Le Grand Hôtel, Rouquier, 1985.

Cogeval, Guy, Yves Badetz, Paul Perrin, and Marie-Paule Vial, eds. *Spectaculaire Second Empire.* Paris: Musée d'Orsay/Skira, 2016.

## —— Websites

www.bourjois.fr
www.fr.boucheron.com
www.chateaudecompiegne.fr
www.chateaudefontainebleau.fr
www.guerlain.com
www.mellerio.fr
www.paris-promeneurs.fr

## —— Doctoral thesis

Tessier, Alexandre. "Le Grand Hôtel, 110 ans d'hôtellerie parisienne, 1862–1972." Doctoral thesis in history, under the supervision of Marc de Ferrière Le Vayer, Université François-Rabelais de Tours, 2009.

## CRÉDITS PHOTOGRAPHIQUES / PHOTOGRAPHIC CREDITS

p. 2 © Éric Cuvillier • p. 6 © Musée Carnavalet/Roger-Viollet • p. 9 © Ministère de la Culture – Médiathèque du Patrimoine, Dist. RMN-Grand Palais / image RMN-GP • p. 9 haut (top) © Le Grand Hôtel/Archives de Paris (V12S_125) • p. 9 bas (bottom) © Lee/Leemage • p. 10 haut (top) © RMN-Grand Palais (domaine de Compiègne)/Daniel Arnaudet • p. 10 bas (bottom) © Ministère de la Culture – Médiathèque du Patrimoine, Dist. RMN-Grand Palais / image RMN-GP • p. 11 © Le Grand Hôtel/Archives de Paris (V12S_125) • p. 12 haut (top) © Le Grand Hôtel/Archives de Paris (V12S_125) • p. 12 bas (bottom) © Le Grand Hôtel/Archives de Paris (V12S_125) • p. 13 haut (top) © Albert Harlingue / Roger-Viollet • p. 13 bas (bottom) © Ministère de la Culture – Médiathèque du Patrimoine, Dist. RMN-Grand Palais / image RMN-GP • p. 14 haut © Musée Carnavalet/Roger-Viollet • p. 14 bas, à gauche (bottom, left) © RMN-Grand Palais (domaine de Compiègne)/image Compiègne • p.14 bas, à droite (bottom, right) © Le Grand Hôtel/Archives de Paris (V12S_131) • p. 15 © Thomas Déron • p. 16 © Le Grand Hôtel/Archives de Paris (V12S_127) • p. 17 © Thomas Déron • p. 18-19 © Thomas Déron • p. 21 © Le Grand Hôtel/Archives de Paris (V12S_141) • p. 22 © Le Grand Hôtel/Archives de Paris (V12S_127) • p. 23 haut (top) © Le Grand Hôtel/Archives de Paris (V12S_127) • p. 23 bas (bottom) © Le Grand Hôtel/Archives de Paris (V12S_141) • p. 24 © Le Grand Hôtel/Archives de Paris (V12S_131) • p. 25 © Grand Hôtel/DR (All Rights Reserved) • p. 26 © Thomas Déron • p. 27 © Thomas Déron • p. 28 © Tallandier/Bridgeman Images • p. 30 © Thomas Déron • p. 32 © Musée Carnavalet/Roger-Viollet • p. 33 © Collection Roger-Viollet/Roger-Viollet • p. 34-35 © Jérôme Galland • p. 36 © Thomas Déron • p. 38 © Jérôme Galland • p. 39 haut (top) © Thomas Déron • p. 39 bas (bottom) © Éric Cuvillier • p. 40-41 © Éric Cuvillier • p.42-43 © Éric Cuvillier • p. 44-45 © Thomas Déron • p. 47 haut (top) © Le Grand Hôtel/Archives de Paris • p. 47 bas (bottom) © Neurdein/Roger-Viollet • p. 48 © Le Grand Hôtel/Archives de Paris (V12S_125) • p. 49 haut (top) © Le Grand Hôtel/Archives de Paris (V12S_128) • p. 49 bas (bottom) © Le Grand Hôtel/Archives de Paris (V12S_128) • p. 50 © Éric Cuvillier • p. 51 © Éric Cuvillier • p. 52-53 © Éric Cuvillier • p. 55 haut (top) © Thomas Déron • p. 55 bas © Éric Cuvillier • p. 56 © Thomas Déron • p. 58 © Neurdein/Roger-Viollet • p. 61 © Éric Cuvillier • p. 62 © Le Grand Hôtel/Archives de Paris (V12S_127) • p. 62 © Le Grand Hôtel/Archives de Paris (V12S_131) • p. 63 gauche (left) © Le Grand Hôtel/Archives de Paris (V12S_127) • p. 63 droite (right) © Le Grand Hôtel/Archives de Paris (V12S_131) • p. 65 haut (top) © Le Grand Hôtel/Archives de Paris (V12S_124) • p. 65 bas (bottom) © Le Grand Hôtel/Archives de Paris (V12S_127) • p. 66 © Thomas Déron • p. 67 © Le Grand Hôtel/Archives de Paris (V12S_127) • p. 69 © Éric Cuvillier • p. 70 © Thomas Déron • p. 71 © Thomas Déron • p. 72 haut (top) © Le Grand Hôtel/Archives de Paris (V12S_127) • p. 72 bas (bottom) © Le Grand Hôtel/Archives de Paris (V12S_127) • p. 74-75 © Jérôme Galland • p. 77 © Thomas Déron • p. 78 © Thomas Déron • p. 79 haut, à gauche (top, left) © Thomas Déron • p. 79 haut, à droite (top, right) © Thomas Déron • p. 79 bas (bottom) © Éric Cuvillier • p. 80-81 © Jérôme Galland • p. 83 © Thomas Déron • p. 84 © Jérôme Galland • p. 85 © Thomas Déron • p. 86-87 © Jérôme Galland • p. 88 © Jérôme Galland • p. 89 © Thomas Déron • p. 90 © Thomas Déron • p. 91 © Thomas Déron • p. 92 © Jérôme Galland • p. 93 © Jérôme Galland • p. 94-95 © Éric Cuvillier • p. 96-97 © Éric Cuvillier • p. 99 © Thomas Déron • p. 100 © Thomas Déron • p. 101 © Thomas Déron • p. 102 © Éric Cuvillier • p. 103 © Thomas Déron • p. 104-105 © Éric Cuvillier • p. 106 © Éric Cuvillier • p. 109 © Rachid Bellak • p. 110 haut (top) © Le Grand Hôtel/Archives de Paris (V12S_127) • p. 110 bas (bottom) © Le Grand Hôtel/Archives de Paris (V12S_127) • p. 111 © Le Grand Hôtel/Archives de Paris (V12S_127) • p. 112-113 © Éric Cuvillier • p. 115 © Jérôme Galland • p. 116-117 © Jérôme Galland • p. 120 © Thomas Déron • p. 123 Jean Marius Fouque © RMN-Grand Palais (musée d'Orsay)/Michel Urtado • p. 124 Sarah Bernhardt par Disderi © Photo Josse/Bridgeman Images • p. 126 © Le Grand Hôtel/DR (All Rights Reserved) • p. 127 © Le Grand Hôtel/DR (All Rights Reserved) • p. 129 © Le Grand Hôtel/DR (All Rights Reserved) • p. 131 DR (All Rights Reserved) • p. 132 haut © Le Grand Hôtel/Archives de Paris (V12S_135) • p. 132 bas © Le Grand Hôtel/Archives de Paris (V12S_131) • p. 133 haut © Le Grand Hôtel/Archives de Paris (V12S_131) • p. 133 bas © Le Grand Hôtel/Archives de Paris (V12S_135) • p. 134-135 © Le Grand Hôtel/DR (All Rights Reserved) • p. 136 © Le Grand Hôtel/DR (All Rights Reserved) • p. 137 © Le Grand Hôtel/DR (All Rights Reserved) • p. 138 © Jérôme Galland • p. 140-141 © Jérôme Galland • p. 142 © Thomas Déron • p. 143 © Thomas Déron • p. 144 © Jérôme Galland • p. 145 © Thomas Déron • p. 146-147 © Éric Cuvillier • p. 148 © Thomas Déron • p. 149 © Éric Cuvillier • p. 150 © Jérôme Galland • p. 151 © Jérôme Galland • p. 152 © Jérôme Galland • p. 153 © Jérôme Galland • p. 155 © Jérôme Galland • p. 156-157 © Éric Cuvillier • p. 158 © Éric Cuvillier • p. 159 © Éric Cuvillier • p. 162 © Thomas Déron • p. 165 © Thomas Déron • p. 166 haut (top) © Le Grand Hôtel/Archives de Paris (V12S_141) • p. 166 bas (bottom) © Le Grand Hôtel/Archives de Paris (V12S_141) • p. 167 © Keystone-France • p. 169 © Le Grand Hôtel/Archives de Paris (V12S_142) • p. 170 © Jérôme Galland • p. 171 © The SocialFood • p. 172 © Le Grand Hôtel/Archives de Paris (V12S_142) • p. 174 haut (top) © Le Grand Hôtel/Archives de Paris (V12S_142) • p. 174 milieu (middle) © Le Grand Hôtel/Archives de Paris (V12S_142) • p. 174 bas (bottom) © Le Grand Hôtel/Archives de Paris (V12S_144) • p. 175 © Le Grand Hôtel/Archives de Paris (V12S_142) • p. 176 haut (top) © Le Grand Hôtel/Archives de Paris (V12S_142) • p. 176 milieu (middle) © Le Grand Hôtel/Archives de Paris (V12S_142) • p. 176 bas (bottom) © Le Grand Hôtel/Archives de Paris (V12S_142) • p. 177 © Le Grand Hôtel/Archives de Paris (V12S_142) • p. 178 © Thomas Déron • p. 179 © The SocialFood • p. 181 © Jérôme Galland • p. 183 © DR (All Right reserved)/Archives de Paris (V12S_145) • p. 184 © Le Grand Hôtel/Archives de Paris (V12S_145) • p. 185 haut (top) © Le Grand Hôtel/Archives de Paris (V12S_145) • p. 185 bas (bottom) © Le Grand Hôtel/Archives de Paris (V12S_145) • p. 186-187 © Jérôme Galland • p. 188 © Thomas Déron • p. 189 gauche (left) © Jérôme Galland • p. 189 droite (right) © Thomas Déron • p. 190 © The SocialFood • p. 191 © Thomas Déron • p. 192 © Jérôme Galland • p. 194 © The SocialFood • p. 196 © Thomas Déron • p. 197 © Jérôme Galland • p. 198-199 © Jérôme Galland • p. 200 haut, gauche (top, left) © The SocialFood • p. 200 haut, droite (top, right) © Thomas Déron • p. 200 bas, gauche (bottom, left) © Thomas Déron • p. 200 bas, droite (bottom, right) © Thomas Déron • p. 201 © Thomas Déron • p. 204-205 © Le Grand Hôtel.

Malgré toutes nos recherches, les ayants droit de certaines photographies et illustrations figurant dans l'ouvrage n'ont pu être retrouvés. Nous les prions de nous en excuser par avance et tenons à cet effet un compte en nos écritures. Despite our best efforts, we have been unable to trace the copyright owners of some of the photographs and illustrations in this book. We offer our sincere apologies, and would be pleased to insert the appropriate acknowledgments in any future editions.

## CITATIONS / QUOTATIONS

p. 13 *Le Poinçonneur des Lilas*, paroles et musique Serge Gainsbourg © Warner Chappel Music France – Melody Nelson Publishing • p. 168 *Sous le ciel de Paris*, paroles Jean Dréjac, musique Hubert Giraud © Les éditions Choudens, droits transférés à Première Music Group – avec l'aimable autorisation de Première Music Group.

## REMERCIEMENTS DE L'AUTRICE
## ACKNOWLEDGMENTS

L'autrice tient à remercier (par ordre alphabétique)

Laurent André, Stéphane Bern,
Martine Besnard, Sophie de Bernardi,
Agnès Costa, Diane-Laure Dudoué,
Francis Huster, Andreas Kronthaler,
Ines de la Fressange, Christophe Laure,
Francine Leca, Philippe Lesigne, Claire Mabon,
Laurence Maillet, Caroline Maquin,
Virginie Maubourguet, Émilie Pereira,
Pierre-Yves Rochon, Emmanuelle Rolland,
Jean Todt et Vivienne Westwood.

The author would like to thank the following people (in alphabetical order)

Laurent André, Stéphane Bern,
Martine Besnard, Sophie de Bernardi,
Agnès Costa, Diane-Laure Dudoué,
Francis Huster, Andreas Kronthaler,
Ines de la Fressange, Christophe Laure,
Francine Leca, Philippe Lesigne, Claire Mabon,
Laurence Maillet, Caroline Maquin,
Virginie Maubourguet, Émilie Pereira,
Pierre-Yves Rochon, Emmanuelle Rolland,
Jean Todt, and Vivienne Westwood.

**Flammarion**

Partenariats éditoriaux / Editorial partnerships
Henri Julien, Emmanuelle Rolland

Conception graphique et mise en pages
Design and typesetting
Laurence Maillet

Editorial Director
Kate Mascaro

Édition / Editor
Virginie Maubourguet

Traduction du français
Translation from the French by
Lisa Davidson (running text),
Sally Laruelle (captions
and additional translation)

Révision française / French copyediting
Christine Baillet

Révision anglaise / English copyediting
Marc Feustel

Fabrication / Production
Titouan Roland

Photogravure / Color separation
Atelier Frédéric Claudel


ISBN 978-2-08-150657-2
N° d'édition / Edition no. L.01EBAN000582.N001



Flammarion S.A.
87, quai Panhard-et-Levassor
75647 Paris Cedex 13
editions.flammarion.com
partenariats@flammarion.fr

21 22 23 3 2 1

Dépôt légal / Legal Deposit 10/2021

Achevé d'imprimer en octobre 2021
par Indice, Espagne
Printed in Spain by Indice,
in October 2021